东方文化名湖

西湖申遗纪实

杭州市政协文化文史和学习委员会　编

杭州出版社

"杭州申报世界文化遗产纪实丛书"编辑委员会

主　　任：马卫光

副 主 任：陈新华　王利民　高小辉　孙国方
　　　　　王　姝　陆晓亮

委　　员：（按姓氏笔画排序）
　　　　　王其煌　申屠家杰　孙昌建　李　鹏
　　　　　李利忠　李郁葱　沈杨根　陈　林
　　　　　陈　波　陈文锦　陈华胜　卓　军
　　　　　尚佐文　袁明华　蒋卫东　童伟中
　　　　　樊　琪

《东方文化名湖——西湖申遗纪实》

主　　编：马卫光

副 主 编：陈新华　王利民

撰　　稿：陈华胜

编　　辑：赵鸿涛　张雪燕　张俊楠

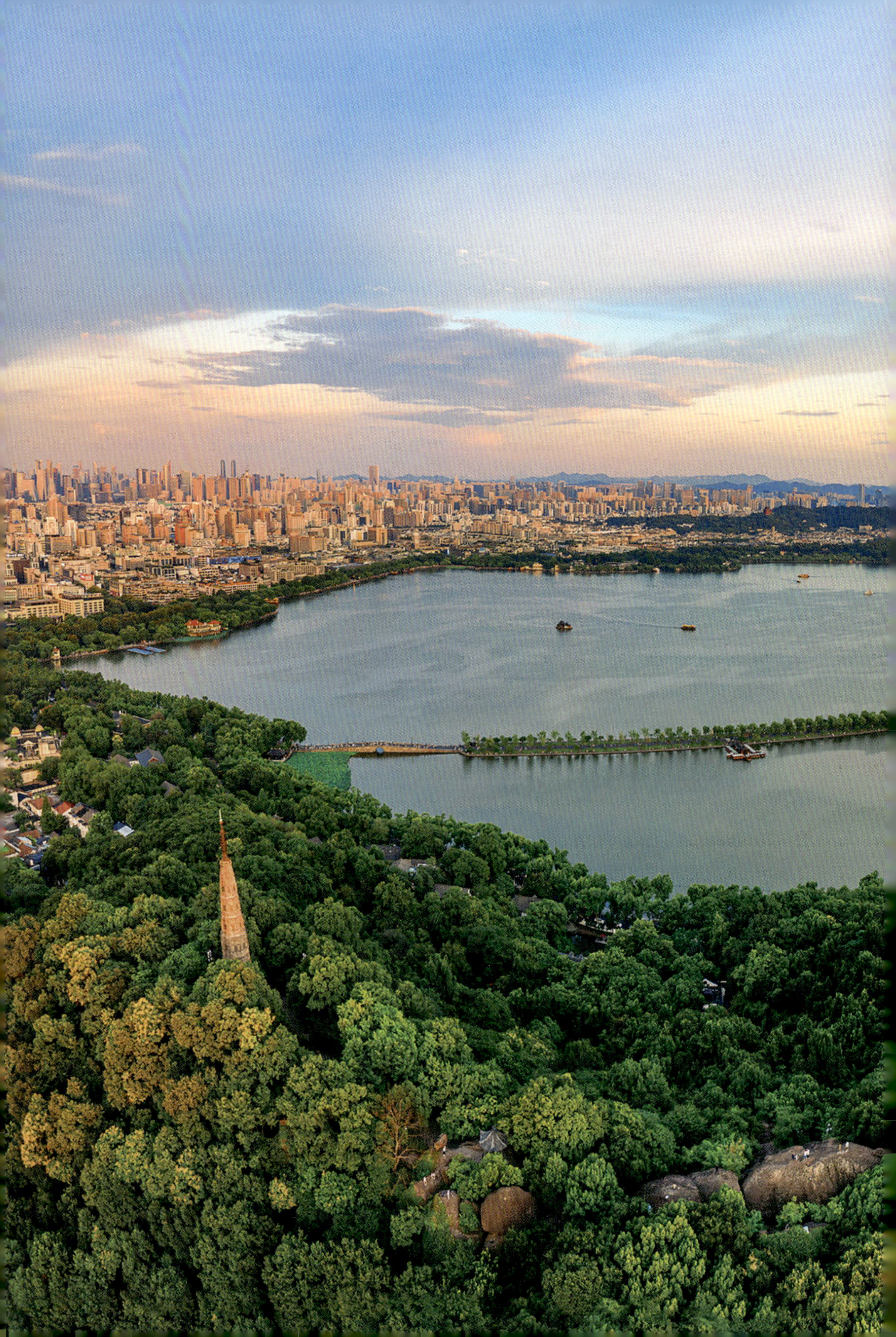

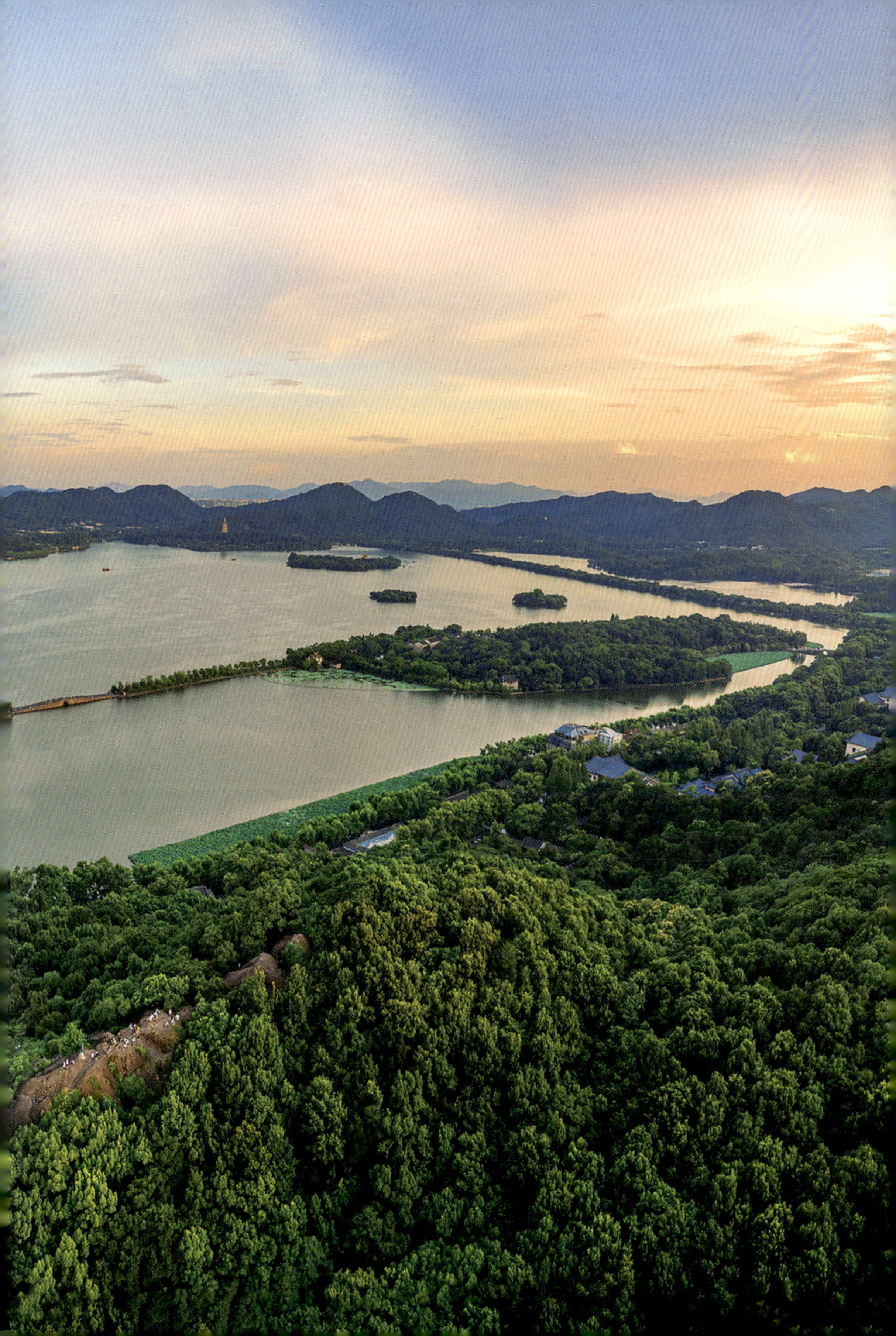

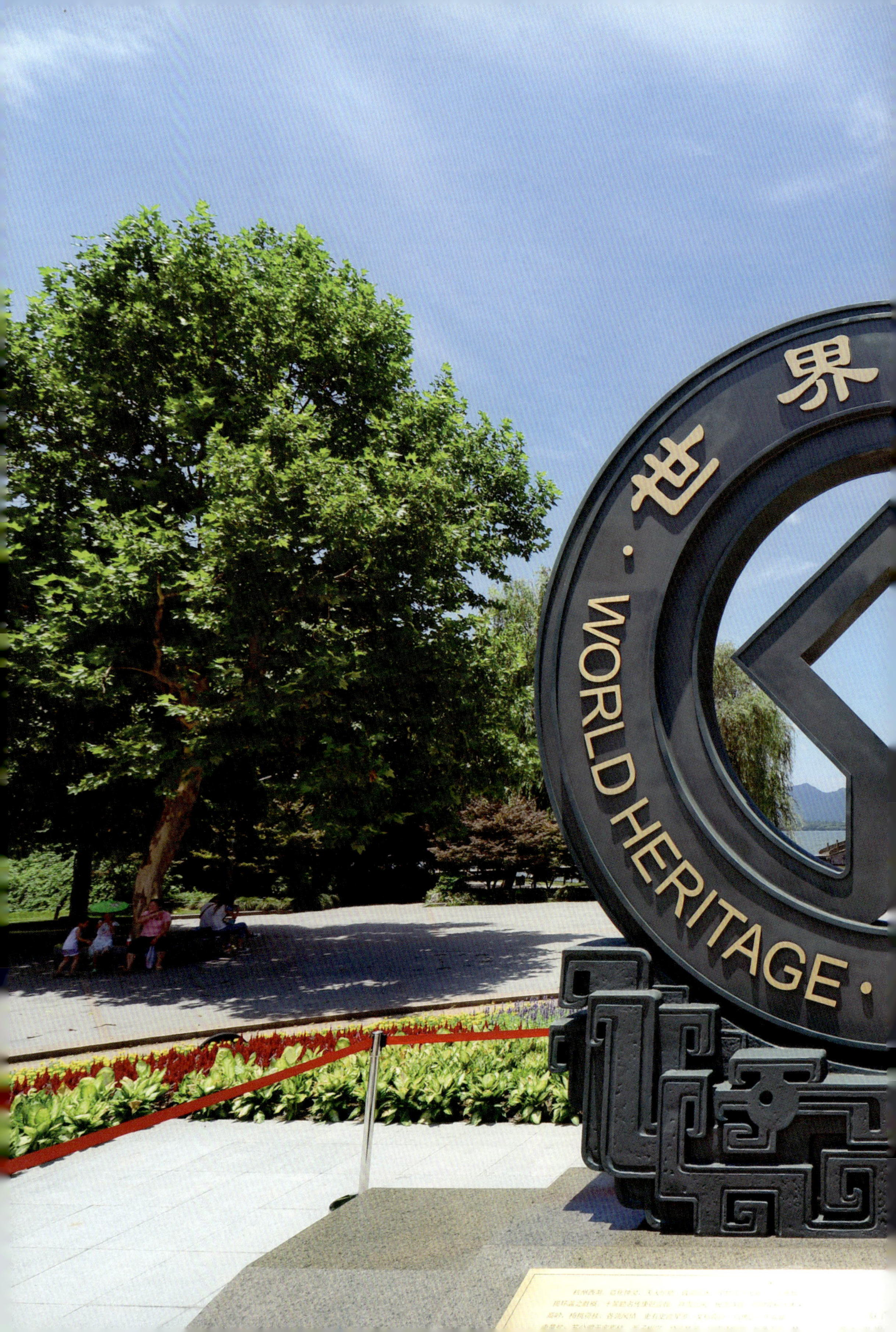
世界
WORLD HERITAGE

遗产

ATRIMOINE MONDIAL

前　言

世界文化和自然遗产是人类文明发展和自然演进的重要成果，也是促进不同文明交流互鉴的重要载体。保护好、传承好、利用好这些宝贵财富，是我们的共同责任，是人类文明赓续和世界可持续发展的必然要求。在举世瞩目的杭州第19届亚运会开幕式上，水墨西湖呈现国风雅韵，光影运河辉映华夏古今，薪火良渚点燃星灿夜空，人们看到了中华文化的源远流长、生生不息。这场独特的人文盛宴，勾勒出中华五千年灿烂文明的盛世风华，向世人彰显着"何以中国"的文化自信，也传递着文明交流互鉴、创造美好未来的共同愿景。

文化瑰宝、智慧结晶，世界遗产是先人创造并遗留下来的宝贵财富，是一个国家和民族文明延续、生生不息的内在脉络与创新创造的动力源泉。2011年6月24日，"西湖文化景观"圆梦巴黎，杭州首个世界文化遗产诞生。2014年6月22日，中国大运河，"花开多哈"，终成流动的盛宴，世界的运河。2019年7月6日，阿塞拜疆巴库，"良渚古城遗址"牵手世界，五千年中华文明迎来高光时刻。西湖文化景观是自然与人文完美融合、和谐共生的典范，是持续性创造的"中国山水美学"景观的最经典作品。中国大运河是古代劳动人民创造的伟大水利工程，为国家统一、民族融合、经济发展、文化交流和科技进步作出了巨大的贡献。良渚古城遗址是实证中华五千年文明史的圣地，在中华文明探源工程中占有举足轻重的地位。

文化遗产蕴含着一个民族的精神基因和历史记忆，也是一座城市文化软实力的深厚体现。杭州，作为首批国家历史文化名城、"中国七大古都"之一，有着赓续千年的文明传统、山水园林的美学典范、"诗意中国"的东方意境和奔竞不息的创新活力，历史与现实交汇，自然与人文交融，浸透着江南韵味、凝结着世代匠心，向世界展现着东方文化的独特韵味和别样精彩。

"杭州素有'人间天堂'美誉，湖光山色、人文美景俯拾皆是。""杭州是中国的一个历史文化重镇和商贸中心，有千年以上的历史。"西子湖畔、钱江两岸，凝结着习近平总书记的真情厚爱和殷切期望。不论是在浙江工作期间还是到中央工作，文化和自然遗产的保护、传承与弘扬，在总书记心中重若千钧。他曾多次对杭州文物古迹保护、历史文脉挖掘和中华文明风采展示作出重要指示批示，亲自指导擘画这座历史文化名城的发展蓝图。

一枝一叶总关情。如何做好西湖文化的保护、传承、利用，习近平总书记一直挂念在心。"历史文化名城是杭州的'灵魂'，西湖是杭州的'生命线'。""要把保护放在第一位，对西湖风景名胜区内的生态环境、自然景观、文物古迹等尽最大努力予以保护。""切实保护好、管理好、利用好西湖，更好地发挥西湖在展示中华文化、促进世界文化交流中的积极作用。"

让古老大运河焕发时代新风貌，习近平总书记念兹在兹，深深牵挂。"把运河真正打造成具有时代特征、杭州特色的景观河、生态河、人文河，真正成为'人民的运河''游客的运河'。""大运河是祖先留给我们的宝贵遗产，是流动的文化，要统筹保护好、传承好、利用好。""大运河文化是中国优秀传统文化的重要组成部分，要在保护、传承、利用上下功夫，让古老大运河焕发时代新风貌。"

留住文化根脉、守住民族之魂，是习近平总书记的所思所行。"良渚遗址是实证中华五千年文明史的圣地，是不可多得的宝贵财富，我们必须把它保护好！""申报项目要有利于突出中华文明历史文化价值，有利于体现中华民族精神追求，有利于向世人展示全面真实的古代中国和现代中国。"

三项世界遗产已成为杭州的金名片，是杭州作为历史文化名城的重要标志，是杭州城市文化软实力的重要支撑，也是中华民族共有的精神财富，更是世界投向中华文明的认同与赞许。

"历史文化是城市的灵魂，要像爱惜自己的生命一样保护好城市历史文化遗产。""让收藏在博物馆里的文物、陈列在广阔大地上的遗产、书写在古籍里的文字都活起来。"沿着总书记指引的方向，加强文化遗产保护，把老祖宗留下的"根"和"魂"保护好、传承好、利用好，是我们的共同责任，也是人类文明赓续和世界可持续发展的必然要求。

2023年9月，习近平总书记在浙江考察时强调，浙江要在建设中华民族现代文明上积极探索。要更好担负起新时代新的文化使命，赓续历史文脉，加强文化遗产保护，推动优秀传统文化创造性转化、创新性发展。运用杭州亚运会亚残运会、世界互联网大会等窗口加强文化交流传播，不断提升中国文化感染力和中华文明影响力。浙江省委书记易炼红在杭州调研时指出，习近平总书记对杭州明确提出"四个杭州"的定位和"四个世界一流"的要求，赋予杭州"历史文化名城、创新活力之城、生态文明之都"的城市定位。杭州要充分彰显其厚重的历史文化底蕴，深化文化遗存挖掘、整理、研究，持之以恒铸文化之魂、强文化之基、兴文化之业，做深做实

"传承弘扬"和"活化利用"两篇文章，要加强文物和文化遗产保护利用，更好展现中华优秀传统文化的永恒魅力和当代价值，加快打造浙江文化新名片新品牌。

"作为省会城市，杭州应在保护文化遗存、延续城市文脉、弘扬历史文化方面，发挥带头作用，做得更好。"打造一流历史文化名城是习近平总书记对杭州的殷殷嘱托。浙江省委副书记、杭州市委书记刘捷在世界文化遗产保护传承利用座谈会上强调，杭州要积极参与推动中华文明探源工程，充分发挥世界遗产综合效应，守好"真山真水"，促进"人、水、城"共生共荣，持续擦亮世界级文化金名片，把蕴藏在遗址文物资源中的文化基因、文明记忆、民族精神挖掘好、梳理好、阐释好。杭州要加快构建世界遗产群落，推进文化遗产的活化利用，推动城市历史文脉薪火相传，代代守护。使命贯通历史、现在和未来——杭州正精心书写古韵新章，将世界遗产"串珠成链"，传承、守护、共享世遗价值，向世界名城的道路上步履不停，大步前行。

承百代之流，会当今之变。杭州，是一座历久弥新的城市，有传承文化基因、保护文化遗产、弘扬人文精神、探索发展路径的历史责任。为了让这份遗产记忆更好地成为我们城市的生命力、创造力和凝聚力，为了铭记为申遗付出的不懈努力和艰辛历程，市政协组织作家采访、编撰了"杭州申报世界文化遗产纪实丛书"，以纪实文学的手法展示杭州三项世界遗产的"来龙去脉""前世今生"、申遗过程中的难忘点滴和动人故事。这既是对申报世界遗产工作的梳理和回望，更是市政协发挥文史工作专长，促进历史文化名城建设的生动实践，充分体现了市政协在推动文化繁荣过程中的责任与担当。这套丛书的出版，让这一段可歌可泣的宝贵历史成为一份永不磨灭的文明薪火，让今天和未来的每一个杭州人，在坚定文化自信中当好中华文明的薪火传人。

　　锦绣繁华看不尽，最是人间新天堂。杭州感怀深情厚意，迎着西子湖畔的晨光、向着钱塘潮涌的方向，厚植历史文化名城特色优势，赓续历史文脉，守正创新，担负起新的文化使命，在新的起点上继续推动文化繁荣，在历史进步中建设中华民族现代文明，在奋力谱写中国式现代化浙江新篇章中挑大梁、当先锋、打头阵，在中华文化璀璨的画卷上，留下浓墨重彩的一笔，为世界奉献一个锦绣繁华的人间新天堂，创建一个传统文化与现代文明相融合的城市新范例。

目 录
CONTENTS

001　序　章　世界瞩目的 15 分钟

017　第一章　与君约略说西湖

063　第二章　一个公约和三个组织：申遗是怎么回事？

087　第三章　序曲：西湖综合保护工程

153　第四章　历程："十年磨一剑"

187　第五章　聚焦：用世界遗产的视角重新认识西湖

235　第六章　收官：西湖圆了一个梦

271　尾　声　申遗只有逗号，没有句号

294　参考文献

295　后　记

世界瞩目的 15 分钟

序章

15 分钟。

这也许是西湖几千年历史上最关键的 15 分钟。

时钟定格在 2011 年 6 月 24 日，巴黎时间 17：40，北京时间 23：40。

这一天，世界正如它年复一年、日复一日地那样发生着许多大事，林林总总，世界一如既往地纷繁而热闹。

然而，在位于巴黎丰特努瓦广场的联合国教科文组织（UNESCO）总部大楼里，此刻，却另有关注的焦点。

事实上，对每一个来巴黎的游客来说，这幢建于 1958 年的大楼恐怕就是一个关注的焦点。其"Y"形的设计是由 3 名不同国籍的设计师在一个国际委员会的指导下确定的。总部大楼别名"三角星"，整座大楼矗立于 72 根混凝土桩柱之上，其以卓越的建筑价值在全世界享有盛名。而在主楼的旁边，另有三座建筑相继拔地而起。第一座建筑被亲昵地称为"手风琴"，拥有铜质褶皱顶棚，用来举办大会全体会议的会议厅就坐落于此；第二座建筑为立方体形；第三座建筑是围绕六个小型的中空内院在地下加盖的两层办公楼。这一建筑群中藏有许多艺术杰作，拥有毕加索、巴赞、胡安·米罗、达比埃斯、勒·柯布西耶以及其他众多知名或不知名艺术家的作品。

联合国教科文组织总部大楼

联合国教科文组织的各建筑都面向公众开放,世界各地文化、艺术的多样性在此展现得淋漓尽致。所以,它自然是每一个来巴黎的人向往的地方。

不过,此时此刻,在这幢大楼的会议厅里,所有人的眼光都聚焦在一块超大屏幕上。

从2011年6月19日至29日,这里正在举行第35届世界遗产大会,来自世界近190个国家和地区的代表400余人参加了会议。10天的会议共安排了21项议程,除了研究联合国教科文组织关注的课题、评议世界遗产地保护管理现状等问题外,其中一项重要议题就是审议2011年新提名的世界遗产申报项目,来自39个国家的共42个项目获得了被审议的资格,杭州西湖文化景观即是其中之一。而6月24日,就是杭州西湖文化景观"参加大考",接受审议的日子。

其实,世界遗产大会并不都在联合国教科文组织总部召开,更多的是在各个承办国轮流举办，以体现国际合作的多样性。第 35 届世界遗产大会原定是在波斯湾岛国巴林召开的，但就在会议召开之前，巴林国内局势出现动荡，所以，只好临时调整到 UNESCO 巴黎总部举行。

联合国教科文组织世界遗产委员会就设在 UNESCO 巴黎总部，这里是世界遗产组织的驻地。UNESCO 大楼一楼一号会议厅，有点像小一号的杭州剧院。楼下坐得满满当当——每个被审议项目的工作人员按指定位置落座在前面的几排座位上。中国代表团、杭州代表团的主要成员被安排坐在了第五排位置上。

为了参加这次巴黎会议，中国政府专门派出了由中国联合国教科文组织全国委员会、国家文物局、住建部、外交部等部门和中国古迹遗址保护协会等单位组成的代表团，并由中国常驻联合国教科文组织代表师淑云任团长。而杭州市则派出了 37 人的代表团，可谓是阵容庞大、全力以赴——毕竟，十年磨一剑，成败在此一举！

楼下前排的几位西湖申遗代表们正襟危坐，全神贯注，保持着良好的外交礼仪，但他们的心却像绳索一样地拧成一团，这从他们未敢舒展的眉目中可见一斑；而楼上的记者们却在紧张地忙碌着，他们向现场的工作人员要来了无线上网的 Wi-Fi 密码，不时地向国内的新闻单位发送即时消息。因为他们知道，跟他们一样焦急地关注着这块大屏幕信息以及最终结果的，还有远在万水千山之外的杭州家乡父老。当年微信尚未普及，新闻单位通过新浪微博、手机短信等途径，给伸长了脖子的杭州人推送着信息。

主席台的两排座位上坐着世界遗产委员会的代表。第一排正中位置的大会执行主席库敏思女士主持会议，台上背景挂有大屏幕，左边是英文，右边是法文，播放着国际古迹遗址理事会（ICOMOS）报告的内容。

2011年，巴黎世界遗产大会现场

现场不少人都戴着同声传译耳机，但耳机里也只有英文、法文而没有中文，大家只好紧盯着屏幕，竖起耳朵听每一个字眼，捕捉着每一个信息。

在前几天的会议中，42个拟报名审议项目已经过了先期一轮的初评审，几家欢喜几家愁：有的通过了初评审，有的则被拒之门外，有的要延期审查……其中有6项因被评估机构列为"建议不列入世界遗产"，为避免在大会审议时陷入被动，造成永久丧失申报的机会，先后自行撤出。来自中国北方某城市的某个风景区申报世界自然遗产项目就被"残忍"地打了"NO"，以至于该市市长只好含泪宣布撤回申请，"择期再战"。

接下来的几天就是初轮"晋级"的36强将见最后的分晓。

不敢有丝毫的懈怠啊！已经有15个项目经过了审议，"YES"或"NO"，结果真的显得有些残酷。

杭州西湖文化景观的命运又将会怎样呢？

"WESTLAKE"，当这个单词从主持人口中蹦出来，很多人一下子紧张地握起了拳头。

巴黎时间17：40，超大屏幕上开始播放西湖图片，白苏二堤、湖中三岛、孤山梅鹤、钱塘门遗址……当这些熟悉的画面出现时，在场的所有中国人都紧张得凝神屏气，空气都似乎凝固了。

国际古迹遗址理事会（ICOMOS）资深专家苏珊·丹尼尔代表国际评估机构对西湖文化景观概况和普遍价值进行了陈述，并阐述评估意见。受联合国教科文组织世界遗产委员会的委托，国际古迹遗址保护协会负责承担"文化遗产"的评估工作。

苏珊，这位约60岁的英国贵族，美丽优雅，她用十分肯定的语气说："西湖符合二、三、六类价值标准，建议将西湖文化景观列入《世界遗产名录》。"

按照联合国教科文组织的要求，只要满足申请世界文化遗产项目的六大标准（创造价值、交流价值、见证价值、典范价值、环境价值和关联价值，其中关联价值不得单独使用）之一即可成功申遗。苏珊评估认为：西湖满足交流价值、见证价值和关联价值。

接下来，有24个西湖景点被苏珊如数家珍地提及，包括南宋西湖十景、见证隐逸文化的舞鹤赋刻石以及林逋墓，她特别强调：钱塘门遗址是杭州城和西湖"城湖关系"的重要见证；而清行宫遗址则是西湖景观鼎盛时期，被乾隆皇帝御题、御封的重要见证。另外的11个文化史迹分别见证了佛、道、忠孝、藏书、茶禅、印学等文化。如保俶塔、雷峰塔、六和塔、净慈寺、灵隐寺、飞来峰造像，见证佛教文化；岳飞墓，代表忠孝文化；抱朴道院，代表道教文化；文澜阁，代表藏书文化；西泠印社，代表印学文化；龙井，代表茶文化。

更关键的是，苏珊陈述，在西湖遗产的完整性与真实性上，"三面云山一面城"的格局总体保存得比较完好。

"考虑到杭州市近10年来的迅猛城市化发展，拥有800万居民，可以认为遗产邻近城区部分的视觉完整性已经得到了相当不错的管理。"苏珊说，东面杭州城的景象在过去50年内发生了巨大改变，"不再是与整体景观相称的美丽低城（根据马可·波罗的描述）"，高楼大厦占据了东向的视线，"尽管如此，向东面看时，朝北和朝南的山脉轮廓线依然保存完整，保俶塔在天空的映衬下也十分清晰"。

苏珊阐述，西湖的突出性在于它对中国古典景观文学与绘画理念的诠释方式：它通过堤、岛以及巧妙放置的宝塔、亭桥获得了自然景观提升，达到了将湖变成一座巨大公园的目的，反映了天人合一的思想。西湖景观直接或间接通过大量的艺术展现手法对东亚的景观设计产生了巨大影响。

最后，这位资深专家竟然动情地说道：

"西湖更应该被当作一个给人以启迪的地方，而非单纯的公园。"

苏珊的陈述结束后，世界遗产委员会21个成员国中的16个国家的代表，即埃及、澳大利亚、瑞典、爱沙尼亚、巴林、南非、巴西、马里、俄罗斯、法国、约旦、泰国、尼日利亚、阿联酋、墨西哥、瑞士对西湖申报世界文化遗产项目发表了意见。

代表们对西湖文化景观的赞美之词溢于言表，有的代表甚至用"震撼""令人印象深刻"这样的语言来形容他们对西湖的感受，几乎每一个专家都说了类似的话："西湖是一个非常美丽的遗产，我们祝贺中国、祝贺杭州、祝贺西湖。"

在行使他们的投票权时,大家无一例外地打出了"YES"!

一致赞同将西湖文化景观遗产列入《世界遗产名录》。

被评议的遗产,每年在世界遗产大会召开之前就会获得一个初审的分类评级。评级一共分4个级别:通过初审(YES)、延期审查、自行撤销和否决(NO)。

如果不是"YES"级别的项目,专家在大会现场提出审议意见的可能性就比较大,审议的时间也会比较长,即使是被评"YES"的项目,像西湖这样,16国专家都没有异议只有祝贺的,也是相当稀少的。

包括苏珊读报告(12分钟)、专家发言(3分钟)在内,现场审议只用了15分钟!

大会执行主席库敏思更是对纷纷祝贺西湖申遗成功的16国专家轻松幽默地说了一句:"你们把我要说的话都说了。"

主席的话音一落,其他国家的许多代表已经想跑到中国代表团、杭州代表团座位前表示祝贺了。以至于库敏思主席手持木槌开玩笑地说:"我还没有落槌呢!"

全场响起一片轻松的笑声。

6月24日17时55分(北京时间24日23时55分),在全场的大笑声中,库敏思敲下木槌,宣布杭州西湖文化景观正式列入世界文化遗产名录,一"槌"定音。

来自世界各国代表的一片祝贺声也随之响起。很多国家的带队队长都悄悄起身,过来祝贺拥抱:"这是真正的胜利!衷心祝贺你们!"

西湖项目从开始审议到宣布通过,只用了短短的15分钟时间。成员国

湖中三岛

在如此短的时间、如此高度一致地通过对项目的审议，实属罕见，充分说明了与会代表对西湖文化景观普遍价值的肯定。委员们甚至不惜违反常规来到中国代表席握手拥抱，表达祝贺。当时的国家文物局局长、后来的故宫博物院院长单霁翔事后评价说，在当前申报世界文化遗产的过程中，国际组织和专业咨询机构的审核十分严格，但是对于西湖文化景观的文化价值和保护状况无可挑剔，因此西湖文化景观获得没有争议的全票通过，其评价之高，为近年来世界遗产委员会会议所罕见。

从这一刻起，杭州西湖文化景观正式成为中国第41处成功入选世界遗产的项目，遗产编号：1334。

历史性的这段 15 分钟视频，也被保存在了杭州的西湖博物馆，作为这个高光时刻的永久见证。

中国代表团副团长、国家文物局副局长童明康代表中国政府在大会上致辞，并就西湖作为世界遗产的保护管理做出郑重承诺，表示将一如既往地履行《保护世界文化和自然遗产公约》，为世界遗产事业的可持续发展做出贡献。

几十位来自中国的参会代表礼貌地相互拥抱、微笑和感谢着，没有大声欢呼，也没有立刻离开会场，而是大约 15 分钟后，不引人注目地悄悄退场，安静而得体。

大家都知道，每一个人都代表着西湖的形象，代表着杭州的形象，代表着中国的形象。

完美！

杭州团成员聚在会议室外的大厅里，压低了声音欢呼、祝贺，不停地拍集体照，只在拍照时举起了拳头表示心头的激动。事实上，每个人的胸中早有抑制不住的欢乐在沸腾。

这是一个可以告慰家乡父老的结果！

这是一个可以载入历史的结果！

大厅里的中国人越聚越多，闻讯而来的国内驻巴黎各新闻单位记者几乎全部到场，很多其他国家的代表和工作人员也被这个热烈而安静的团队吸引，主动过来拥抱和庆祝。

与此同时，相隔万里之外的杭州也沸腾了！

浙江省委、省政府发来贺电，全文如下：

杭州市委、市政府及参加第35届世界遗产大会的浙江省文物局代表团：

欣闻杭州西湖文化景观申报世界遗产项目已于今日在法国巴黎获联合国教科文组织第35届世界遗产大会审议通过，谨向你们表示热烈的祝贺，并通过你们向为杭州西湖申报世界遗产作出贡献的专家学者和各界人士表示衷心的感谢！

杭州西湖文化景观成功申报世界遗产，实现了我省世界文化遗产零的突破，是西湖的遗产价值和保护实践得到国际社会充分肯定的重要体现，标志着我省文化遗产事业迈入新的发展阶段，对于加快推动浙江文化大发展大繁荣、促进全省经济社会又好又快发展必将产生积极而又深远的影响。

杭州西湖文化景观"申遗"成功，是党中央、国务院以及国家文化、文物等有关部门对我省文化遗产保护工作关心支持的结果。希望杭州市以申遗成功为新的起点，认真履行国际遗产公约，不断加强文化遗产保护意识，进一步做好西湖文化景观的保护和管理工作，让这颗世界遗产明珠在未来的可持续发展中焕发出更加璀璨的光彩。全省各级文化部门也要以此为新的动力，全面加强文化遗产保护工作，推动我省文化遗产事业大发展，为保护人类遗产、弘扬中华文化、促进科学发展作出新的更大贡献。

中共浙江省委

浙江省人民政府

2011年6月25日

很多杭州人几乎一夜无眠，有的登上宝石山一边拍照一边给身在巴黎、参加申遗会议的朋友发着热血沸腾的短信，有的挥毫泼墨，有的吟诗填词，有的还为西湖申遗写了歌。

巴黎55万华侨华人更是全体沸腾，很多虽然不是杭州人，可是看起来比杭州人还要激动。

那一夜，在巴黎的杭州代表团成员的手机发出一刻不停的滴滴声。所有西湖风景名胜区管委会的职工都没有回家，守在岗位上等消息，得知西湖申遗成功后，他们发来成百上千条祝贺短信。

"能见证这一时刻太幸福了。"

"天哪，记得我们年轻时，从学院路骑车去曲院风荷吗？我想托你对10年未见的亲爱的'世界级'西湖说一句：不思量，自难忘！"

"风生水起，西子倾倒巴黎；法国圆梦，杭州誉满全球。"

"西湖申遗成功，对我们800万杭州人来说，像从小珍爱的家藏宝贝突然被全世界发现和认同，更重要的是，因为这种发现和认同，这个宝贝可以受到更好的保护，更有可能永久地、安全地一代代传承下去。"

巴黎时间6月24日20时左右（北京时间6月25日凌晨2时左右），当天的全部结果也都出来了：36进25！"杭州西湖"是最完美的，全票通过！

欧洲华侨华人们在法国华侨饭店为杭州西湖申遗代表团举行了一场百人规模的庆功宴，祝贺西湖申遗成功。"只有百人规模，太小太小了。你知道有多少巴黎华侨想来祝贺西湖申遗成功？仅浙江籍华侨就有19万人！他们大概只好去酒吧喝酒庆祝了。"法国华商会会长卓旭光激动地说，西湖申遗成功是巴黎55万华侨华人的心愿，"今天西湖戴上'世界'桂冠，就好比西子出阁，我们娘家人当然要来。"

卓旭光是巴黎第三代华侨，他虽然出生在丽水青田，但对西湖特别有感情，"我每隔一个半月就会飞回杭州"。卓旭光还是浙江省政协委员。

"为什么我们比国内的同胞更激动？"卓旭光说，"因为西湖申遗成功，说明祖国强大，我们充满自豪。"

"总算等到西湖申遗成功了！"92岁的广东老华侨米歇尔·李家住巴黎13区，之前他打了3次电话给卓旭光："西湖申遗消息什么时候出来？"

得到西湖申遗成功的消息后，米歇尔·李简直合不拢嘴："我年轻时去过杭州做贸易生意。那里很美，那里很美！"

中欧经济文化交流协会秘书长、法国忠兴集团董事长、联合国教科文组织项目顾问吴忠面带笑容地啜一口红酒，仿佛在品味着成功。在西湖申遗的过程中，他通过个人的关系为杭州做了大量牵线搭桥的工作。西湖申遗领导小组盛赞他是"为西湖申遗做出巨大贡献的华侨代表"，而吴忠则谦虚地说："我是杭州荣誉市民啊，当然要为杭州的事尽力了！"

吴忠的家乡是浙江省著名的侨乡温州瑞安，他21岁时只身来到法国打拼，白手起家。他的梦想就是为杭州与巴黎搭一座桥梁、为中国与世界文化交流搭一座桥梁。

2012年12月，吴忠被联合国教科文组织聘请为项目顾问后，更是不断向教科文组织官员推荐充满活力的中国，推荐风景如画的杭州。2013年5月，由联合国教科文组织举办的"文化：可持续发展的关键"国际会议在杭州召开，吴忠更是功不可没。

参加庆功宴的还有法国杭州联谊会的同胞，这个联谊会一共有300多个杭州人。会长陈翔坦言，90%的巴黎人过去只知道上海，知道杭州的只有10%。"而现在，中国有句老话叫'一夜成名天下知'，随着西湖申遗的成功,这个数字今后一定会上升。我以后介绍自己,也许不用再这样累赘地表述——我来自距离上海200公里左右的城市,杭州。哈哈哈哈……"他舒心爽朗的笑声响彻大厅。

陈翔来法国12年了,他是个土生土长的杭州人,小学、中学、大学都是在杭州读的,他父母现仍住在杭州火车东站附近。

12岁的小华侨露西每年都去杭州参加夏令营并学习中文,对于西湖申遗成功,她说:"我们华侨,身在海外,心系祖国。对祖国的一举一动十分关注,何况这样的大事件?"

大事件,是的,对于西湖,对于杭州,它确实是个大事件!

今夜无眠!

就因为这世界瞩目的15分钟,西湖从此登上了闪亮的世界舞台,从"养在深闺"摇身一变,成了全人类共同珍爱的瑰宝!

就因为这世界瞩目的15分钟,杭州改写了它在世界的地位,在世界遗产的申报中实现了"零"的突破,也为它的国际化大都市之路展开了崭新的画卷!

所有的世界遗产,都是人类罕见的、目前无法替代的财富,也是"人类献给未来的礼物"。

15分钟,这个注定载入史册的15分钟!

为了这15分钟,我们已经等待了多少年!

当庆功宴结束时,杭州代表团的每一个人在感到一身轻松、满腔喜悦的同时,却又百感交集,大家喜极而泣。

"千年等一回,我无悔啊!是谁在耳边说爱我永不变,只为这一句,断肠也无怨……西湖的水我的泪,我情愿和你化作一团火焰!"

《千年等一回》的歌曲旋律在耳畔响起。

西湖的"千年等一回",等的就是这一刻!

第一章 与君约略说西湖

到杭州西湖来玩的游客听到的最多的一句导游词就是：西湖是天上的明珠掉落在了人间。

导游词的依据是一个美丽的民间传说：

相传远古时候，天河东边石窟里住着一条玉龙，天河西边树林中住着一只金凤。它们有一次在银河的仙岛上找到了一块璞玉，于是就合力将璞玉琢磨了许多年，终于将璞玉琢成了一颗璀璨的明珠。这颗明珠光照到哪里，哪里的树木就常青，百花就盛开。

这个消息传到了天宫，贪心的王母娘娘为了得到这件宝贝，就派天兵把明珠偷走。玉龙和金凤四处找寻，终于得知下落，就赶去天宫向王母娘娘索取。王母娘娘不肯归还，死护住明珠不放，玉龙和金凤则上前去抢，你争我夺，你拉我扯，明珠不慎滑落，顺着天宫阶沿滚落到人间。为不让明珠跌碎，玉龙和金凤也紧随着明珠往下飞。这颗明珠一落地，立刻变成晶莹碧绿的西湖。而玉龙和金凤舍不得离开自己辛勤琢磨成的明珠，就变成两座山来守护它。这两座山，一座是雄伟的玉龙山（今名玉皇山），一座是青翠的金凤山（今名凤凰山）。

从此，它们永远守护在西湖之滨。杭州人民至今还在传诵着"西湖明珠从天降,龙飞凤舞到钱塘"的歌谣。

传说自然只是传说,却寄托着杭州老百姓世世代代对西湖的感情。杭州的出名,在从前确实大半是因了西湖。苏东坡说:"杭州之有西湖,如人之有眉目,盖不可废也。"

20世纪90年代的时候,连续剧《新白娘子传奇》风靡全国,一曲《千年等一回》唤起了全国人民对西湖的无限痴恋。听着这首歌,你会忍不住想象:是一个怎样的书生在经历了许多风月场上的柔肠寸断后,睹物伤情,才有了这么一个千古温柔的西湖梦?

在那个时代,这首歌的普及程度已经达到了妇孺皆知的地步,大江南北,人人都会哼唱。这其实是给杭州做了最好的城市广告,而《千年等一回》在许多人心目中也就成了杭州的市歌。现在有不少城市为了提高知名度,千方百计创作各色各样的传奇,但迄今为止还没有超过"白蛇传"的。那个爱情至上的人蛇相恋故事,实在是极巧妙地把杭州的风情传达了出来,当然,也把西湖的情韵烘托了出来。

西湖,确实是哺育了杭州的母亲湖。没有西湖,就没有杭州的精彩;而先有西湖后有杭州的说法,大抵也是不错的。

那么,西湖是怎么形成的?又是在什么时候形成的呢?

按照英国著名地质学家阿奇博尔德·盖基的权威说法,湖沼生成的原因大致可分为三种:一是地面升降变动,造成一盆形的陷穴,如俄国的贝加尔湖;二是风霜剥蚀的结果,剩下一个千疮百孔的地面,不久就形成了湖泊,如我国的青海湖;三是因河流流水所带下的泥土,或者山崩的时候落下的石块,把河道的出口堵塞,如美国的五大湖。西湖生成的原因,学界普遍认为是第三种。

第一章　与君约略说西湖

西湖与钱塘江

上古时期，这片土地还淹没在海水里，只是在浅海里伸出了两个半岛，也就是今天的宝石山和吴山。这两个半岛南北对峙，围抱成一个小小的海湾，著名历史地理学家陈桥驿教授把它称为"武林湾"。

武林湾北面的远处是长江口，南面则紧邻着钱塘江口，两条江水裹挟着泥沙向内席卷而来，泥沙越积越多，武林湾就慢慢地与外部的海域阻隔开来，变成了一个潟湖。浙江大学老校长竺可桢教授推算这个时间至少在12000年以上。

潟湖刚刚形成的时候，湖里的水还跟海水一样，是咸的。后来经过各处山坞里流出的溪水不断稀释，才变成了淡水湖，即日后的西湖。而西湖开始形成的时候，面积也要比现在大得多，由于南、西、北三面均为群山所绕，山上的泥沙不断注入西湖，逐渐淤积起来，形成了陆地，西湖的面积变小，而杭州这一片冲积平原终于在东面形成，所以说是"先有西湖，后有杭州"。

西湖初成的时候，里湖的面积比外湖还大，但因南北诸高峰川流汇集，靠山这一边的里湖，泥土淤积得更快，面积就大大缩小了，如金沙港、茅家埠等处就是溪流带下的冲积土所成,这也是唐、宋、元、明、清各代,西湖都要不断开浚修葺的原因,否则,不但里湖早已不存,外湖恐怕也要为淤泥所充塞了。换言之,西湖若没有人工的疏浚,一定会被天然地淘汰。杭州之所以有今天的美丽西湖,也是历代杭州人保护自然、保护环境的结果。

西湖申遗专家组组长、原浙江省文物局副局长陈文锦说:"西湖原本是个由海湾演变而成的潟湖,按照天然湖泊生存的规律,这个极大值绝对不会超过20平方千米。没有大的地面径流支持又和城市毗邻的湖泊,会很快地因沼泽化而走上不归路。西湖能够'众废独存',自有其特殊的理由,从哲学的角度说,就是'自然的人化'和'人的自然化'这两组既对立又重合的概念长期互动的结果。"

我们且来看看这"长期互动"吧——

1. 欲把西湖比西子:西湖是美的化身

宋神宗熙宁四年(1071),36岁的苏轼首次来到杭州任通判。这位洒脱恣肆、不拘小节的大文豪立刻被西湖的湖光山色所吸引。

"我本无家更安往,故乡无此好湖山",作为一个性情中人,作为一个对美有着天然鉴赏力的诗人,苏轼全身心地投入了西湖的怀抱。他一生中最快乐的日子是在杭州度过的。杭州有南方的轻松愉快,有诗歌,有美女,有那一泓温柔的西湖水。西湖的美丽赋予苏轼灵感,西湖的魅力浸润他的心神。杭州赢取了苏东坡的心。"居杭积五岁,自意本杭人",在前后两次任官杭州的五年里,他写了300多首有关杭州的诗,其中歌咏西湖的就有约

160首。就在他任杭州通判期间，奉献了一首流传最广的经典诗作《饮湖上初晴后雨》：

水光潋滟晴方好，山色空蒙雨亦奇。

欲把西湖比西子，淡妆浓抹总相宜。

——平时的晴天，西湖水波荡漾，在阳光的抚慰下光彩熠熠；下雨的时候，远处的山笼罩在烟雨之中，时隐时现，眼前一片云水迷茫，这朦胧的景色更是奇特。如果把美丽的西湖比作美人西施，那么淡妆也好，浓妆也罢，总能很好地烘托出她的天生丽质和迷人神韵。

这首诗并不是描写西湖的一处之景、一时之景，而是用晴雨对比为西湖的美景作了全面描述和概括品评，尤其是后两句，用绝世美女西施（西子）比喻绝世的西湖美景，贴切巧妙，历代被认为是对西湖最精当的评语，堪称千古绝唱。今天，人们只要一提起杭州西湖，最先冒出来的总还是这首诗。确实，西湖的美是人间的极品。三面云山中涵碧水，洞壑溪涧环绕其间，春夏秋冬各有韵味，晨昏四时皆堪幽赏。

她的美首先得益于大自然鬼斧神工的恩赐，恰似美女西施般的天生丽质。2.3亿年前的地壳"印支运动"和1.5亿年前、7000万年前的火山喷发，造就了西湖三面环山的立体轮廓和凹陷的湖盆。西湖三面群山环抱中的一泓碧水，则在将近1万年左右的时间里随着海侵海退时隐时现。约2000年前，淤积的泥沙堵塞了湾口，终于使这片水体脱离海湾，形成了潟湖，西湖"三面云山涵碧水"的总体样貌至此基本成形。

我们今天说西湖的美景，总是用"西湖山水"来概括，确实，西湖的

山、西湖的水都是一种原生态的美的典范。

西湖群山系天目山脉的余脉，是西湖不可分割的一部分。晚年长期居住于杭州的清代著名朴学大师俞樾对西湖情有独钟且深得其中奥妙，他就曾断言："西湖之胜，不在湖而在山。"西湖的整个地形特点是西南高，东北低，北、西、南三面群山环绕，就像"西湖明珠"的民间传说说的那样，三面群山形成了对西湖的拱卫、合抱之势，构成了美学意义上的山水的最佳组合，所谓"龙飞凤舞到钱塘"。

龙飞凤舞的最佳组合其实是层次分明、高低有序的，宛如一幅图卷缓缓展开：西湖群山以湖为中心，从内到外分为三个圈层，逐次升高。最内

第一章 与君约略说西湖

三面云山一面城

的圈层（第一层次山系）为丁家山、夕照山、孤山，它们相对矮小，海拔都在100米以下，地质年代也较近，地质特征多为火山岩、石灰岩，岭谷纵横、怪石悬坠、色丹如霞，表现出丰富的山体特征，特别适合休闲观赏；中间圈层（第二层次山系）自灵峰、玉泉、飞来峰至南高峰、翁家山、玉皇山、南屏山、九曜山、将台山、凤凰山、万松岭、云居山、吴山、宝石山一线，这里山势平缓，海拔多在100米至300米之间，地质年代较内层早，地质特征为岩溶地貌等，这一圈层的群山峭壁、幽涧、流泉、奇石汇聚，更有众多的摩崖石刻点缀其间，是西湖群山中最重要的景观构成岩层，让你顿起寻幽访古之心；最外圈层（第三层次山系）是老和山、将军

雪后的西湖

山、北高峰、美人峰、象鼻峰、天竺山、天马山、棋盘山、五云山、马儿山、大华山、虎跑山、月轮山一线，海拔在200米到400米左右，是西湖边地质年代最早的地层，地质特征为石英砂岩、断裂沟谷等，这里层峦叠嶂，挺拔高耸，你在这里登高远眺，脚下就是大片青翠的龙井茶园，更有清澈的山泉潺潺流出，水光清浅，与怀抱中的一泓湖水起到绝佳的呼应。

西湖周边的山，海拔都不算高，但三个圈层的构造呈马蹄形层层降落，形成了逶迤舒展的山脊线，在西湖的三面形成了一道层次分明、重峰叠秀的天然屏障，造型宛如一块玉玦。这三面环抱的群山就是大自然这个神工画师在落笔西湖这幅水墨丹青之前勾勒的底本，西湖的柔美秀丽、雅韵天成的调性就这样形成了。

而西湖的水，自然更是温柔的源头。在绝大多数的时候，这里都是湖光一色，水波不兴。从色彩学的角度来说，西湖水并不是明艳夺目的，她只是温温柔柔、淡淡闲闲地自在铺陈着，却掩不住风情万种：水波漫溢的河埠头，有卵石沉铺，几座茅顶水榭上人影依稀。探湖的水草在黯然处自由滋长,清幽的湖面似乎水可见底,而游鱼飘忽却又不知道游去了哪里,灰白色的水鸟忽然振翅高飞,却又飞不高,也飞不远,落进满塘的荷叶阵里或是芦苇丛中不见了……这样的景致,正如《千年等一回》这首歌里所唱的那样可以让"雨心碎风流泪,梦缠绵情悠远","断肠也无怨"。

杭人游湖者对这一湖水有一个论断:"晴湖不如雨湖,雨湖不如月湖,月湖不如雪湖。"其实,这样的比兴手法无非是要表明西湖四时朝暮、阴晴雪月,无所不宜,唯游人心领之而神会之而已。

人们观赏西湖湖区最直观的感受是什么?西湖博物馆馆长潘沧桑说:"是一种视觉的舒适美感与融入感。面对如此巨大且层次分明的山水画面,不管是行走在湖边,抑或登山入湖,视线所及的山水比例、湖面大小、远景近物,似乎都恰到好处,让人获得山屏湖外、岛印湖中的多视角体验。"

关于西湖水的来源,白居易说湖中有泉百道,湖耗则泉涌,虽罄竭湖水,而泉脉常通。这自然不过是白乐天的想象之词,不过,四周群山灌注之水确实构成了西湖水的主要来源。杭州乡土历史学者钟毓龙认为,最著名的有八处:发源于天竺山白云峰的流泓涧和发源于灵隐山西源峰的钱源水合称"南涧北涧"、出栖霞岭上的桃溪、由茅家埠之东入湖的胭脂泉、源出棋盘山的金沙泉、源出花家山的花港、源出赤山的惠因涧以及从方家峪而来的长桥水。

这一泓湖水敞开了温柔的怀抱哺育了这座城市,它不仅给人美的享受,还使得这里的人民在它的身旁平安富足地繁衍生息。

西湖的美,又来源于它与这座城市高度契合的互动。

2. 唯留一湖水，与汝救凶年：西湖是善的福报

现今的杭州城区古时尚在海中，后来由于钱塘江水流带下和海潮涌上的泥沙不断堆积，逐渐形成陆地。而湾内的一池湖水，温柔地哺育着这一方的人民，耐心地等待着一个城市的成长。

杭州最早的一部地方史志、南朝刘宋时钱唐县令刘道真的《钱唐记》一书，记载了华信筑防海大塘的故事："郡议曹华信乃立塘以防海水，募有能致土石者，即与钱。及塘成，县境蒙利。"这则短短几十个字的记载，被后人演绎出一段民间传说：

说是秦置钱唐县后，县治就一直在灵隐山下，老百姓在山麓和靠近山麓的田野从事着农业耕作。但农田的用水很不方便，受海潮倒灌的影响，水又咸又苦。天一旱，收成就很差，旱久了颗粒无收。华信目睹此情，深为百姓疾苦而忧，他经常带着众人从葛岭翻过老和山、灵隐山，到南高峰、玉皇山和吴山去寻找水源。有一天，华信又来到玉皇山顶。他遥望远方，当时正值海水退去，浅浅的海滩露出水面，海湾形成了一个湖，被南北山丘所环抱的水面波平如镜。华信想：如果在东面露出水面的陆地处筑一条堤塘，不就可以留住这一湖水了吗？

于是，华信放出风声，要招募

华信筑防海大塘的故事

民工运土筑塘，每运土一斛，付给一千钱的报酬。消息传出，贪图奖赏的大批民工纷纷肩扛担挑地运送土石，聚集到这里来。但是，他们来了之后发现根本没有人来筑塘，县里也没有为此付钱。扫兴之下，大家只得就地倒掉土石回家去了。而这些被倒掉的土石堆得很高，竟自然地成了一条塘。因为原先约定运土是要付钱的，所以就把这条海塘称为"钱塘"。

这个故事里不乏民间的狡黠式智慧，但是仔细一想却是不成立的：一位郡县的官员，岂能像奸商那样不讲信用愚弄百姓，对民工赖账不付？而随便乱倒的泥土，当然也不可能形成一条有效的防海大塘。而我们也知道："钱塘"的名称是因秦置钱唐县而来，后随文字的演变而改称钱塘，并不是付钱筑海塘的意思。

其实，倘若确有华信其人筑防海大塘，其功能应是防御海潮冲击吞没陆地。这也说明华信所筑防海大塘的内侧早已成陆，而且已有较大型的人群聚落存在，否则，何必兴师动众筑此防海大塘呢？

防海大塘倒并非虚构，刘道真《钱唐记》记述得很清楚："防海大塘，在县东一里许。"说得很肯定，又有精确的位置，说明此塘在刘道真所处的刘宋时期还存在。筑塘的目的，当然是为了保护在它西面县境内的百姓。随着历史发展，山上溪流不断注入湖体，再加上防海大塘阻隔了东面海水的倒灌，最终使西湖慢慢演化成淡水内陆湖泊。所以，钟毓龙在《说杭州》里称："华信实为西湖之第一元勋。"

而西湖所在的杭州也确乎是一座与水有缘的城市。在上古的时候，不唯西湖是由钱塘江口一个小海湾而形成的潟湖，整个杭州也曾是一片茫茫的海湾。每当潮涨，海水把它淹没得迷迷茫茫；潮落，它又变成一个荒凉的浅海湾。而现今杭州湾两岸的陆地，有许多都是有史以来逐渐由钱塘江带下与海潮涌上的泥沙堆积而成。浙江地方史专家倪士毅先生认为："从杭州市现存的地名如洋坝头、官巷口（原名官涧口）、后洋街、前洋街、江涨桥、涨沙弄等也可以证明今杭州市区未成陆以前原是海洋。"当时的海平面，远在杭州平原以上。在今天的西湖葛岭及南高峰一侧的山腰中，常有充填之红土及平行的水痕，这就是当时江海波及的证明。

在古老的《诗经》中，站在水边的先民们就曾这样唱过——"谁谓河广，一苇杭之"，这个"杭"字，与代表水上行舟的"航"字，原本就是一个字。而"杭州"之得名可追溯至"余杭"，相传大禹治水，会诸侯于会稽（今浙江绍兴），至此舍舟航登陆，因名"禹杭"。今天的余杭北面有舟枕山，又名禹航山，山顶有石穴，相传为大禹系舟处。在古文中，"杭"与"航"相通，而后世讹"禹"为"余"，故名之。

当舟船文化随着海潮的退落渐渐远去，文明却在大地上扎下了深根，于是，便有了杭州的出现。

在中国的风水堪舆学中，把水比作财，所谓"活水生财"。杭州这座城市多的就是水，钱塘江、西湖还有大运河，更不用说一年四季丰沛的雨水，所以外地人总是用羡慕的口吻说杭州是一方柔情似水的温情乡土，说杭州的女孩子也都个个水灵漂亮："喝西湖水长大的嘛！"这当然是个形象的说法，今天的杭州人是不喝西湖水了，跟大家一样，喝千岛湖自来水、纯净水或者矿泉水，然而，将时光上溯1200多年，这话倒真说对了。

三四十年前，杭州的大街小巷还遍布着许许多多口水井。随着城市建设的推进，这些井大多湮灭了，这不能不说是文明进程中的遗憾。历史上，杭州是个多井的城市，它的发展曾与井休戚相关。这一点从杭州现在仍保留着的老地名上可得到印证，如大井巷、小井巷、井弄、井亭桥、义井巷、方井巷、湾井巷、百井坊巷、白井儿头、双眼井巷等等；连西湖风景区内带"井"的名胜也是一大串：龙井不必讲了，吴山钱塘第一井也就是"大井"，虎跑路上的四眼井极有可能就是吴越国时有名的甘露泉，还有韬光的白居易烹茗井、净慈的济公运木古井、葛岭的葛洪炼丹井、玉皇山上的日月井等。

旧时杭州的一些古井与其他城市看到的普通的井有所不同，因为它是取自西湖的水。而这项发明归功于唐建中年间（780—783）的杭州刺史李泌。刺史是唐朝的地方最高行政长官。

唐德宗建中二年（781）九月，李泌调任杭州刺史，这时候他已经是花甲之年。他的任期到德宗兴元元年（784）六月，历时两年九个月。在这短短的两年九个月中，李泌流芳后世的政绩就是开凿了六口水井。

比李泌晚三百多年任杭州知州的苏东坡，在宋哲宗元祐五年（1090）四月二十九日奏报皇帝的《杭州乞度牒开西湖状》中说："杭之为州，本江海故地，水泉咸苦，居民零落。自唐李泌始引湖水作六井，然后民足于水，井邑日富，百万生聚，待此而后食。"

从苏轼的这份奏状中，我们可以看出，杭州其实也有缺水的时候，而且缺的是可供饮用的淡水。

杭州是一座来自海洋的城市。从沧海到桑田是一个十分缓慢的渐变过程，即使到了隋唐时期，这个渐变的过程仍未彻底完成。由于杭州地近江海，此时的地下水还没得到完全净化，水质咸苦，居民的饮水很困难。李泌下车伊始就着手解决饮水问题，他采用的办法是引西湖水入城，凿六井以蓄水养民。

在杭州闹市区的浣纱路、井亭桥西侧至今还砌着井圈护栏保护着一口古井，这口井据说就是当年李泌六井中最大的一口井。因李泌晚年曾任宰相，所以此井便得名叫"相国井"；而从前井上曾建有亭子，所以井旁之桥就叫"井亭桥"，今桥已不复存，桥名成了这一带的地名。

相国井

从今天的相国井来看，其外表与一般的水井并无二致，其构造却与掘地三尺见水而成的深井有所不同。事实上，它不是一般的井，而是引水、蓄水、放水的一套系统。这种井由入水口、地下沟管和出水池三个部分组成。先在西湖里疏浚湖底，挖成水口，砌以砖石，护以木桩，做好一个入水口；其间蓄积清澈的西湖水，有的还设置了水闸，可以调节启闭。然后，在城内居民的聚居处，开挖大池（井），引西湖水流注水井，将水井注满以供居民饮用。只要西湖水不干涸，水井虽日汲千万担亦无枯竭之虞。从某种意义上说，后世林则徐谪戍新疆，在当地搞的"坎儿井"倒与之有些类似。这样具有创造性的城市给水工程，在1200多年前兴工建成，不由让人称叹不已，而西湖水对杭州的养育之恩，更使这座城市和它的人民刻骨难忘。

唐代的城市，坊、市分离，即居民住处与市场不在一起，居民饮用水井则建在坊中，人们围绕水井而居。今天我们仍在用"市井人家"的说法，"市""井"并称，井越多，越折射出此地人口的繁多；中国还有一个成语，叫"背井离乡"，井已经不仅是生活的符号，更是家乡的象征了。

杭州人对"井"有一种特殊的感情，这里面也折射出对西湖的一份依恋与感激。当时，李泌在居民集中的六处地方建池筑井，分别为相国井、西井、金牛井、方井、白龟井和小方井，取的都是西湖的水，它们的入水口就在今天湖滨一带的西湖中，而出水口就是这六口井了。杭州人正是由于有了李泌六井，遂得以孳息繁衍。饮水思源，当时的杭州人喝的倒真是西湖的水啊！

今天，当我们在井亭桥侧的相国井旁扒着井栏探头而望的时候，就能联想到西湖的清水。当然了，我们望见的不仅是李泌的恩泽，还有另一位刺史的身影。

白居易接到来杭州当刺史的调令是在唐穆宗长庆二年（822）七月，这个时候距李泌凿六井已经过去了近四十年。李泌的时代，杭州还是一个人丁不蕃的新兴城市，而随着六井的开凿、西湖水的引入，城市人口激增，呈现出一派发达的景象。所谓"咽喉吴越，势雄江海……况郊海门，池浙江……水牵卉服，陆控山夷，骈樯二十里，开肆三万室"（李华《杭州刺史厅壁记》）就是对杭州城市繁华的描绘；所谓"灯火家家市，笙歌处处楼"，从唐代诗人的诗篇中，我们也读到了这一信息。可以说，江南鱼米之乡的雏形已经形成。

而这一切，也离不开西湖之功。所谓上善若水，从海水侵蚀的潟湖到可灌溉之湖、鱼米之湖、饮用之湖，最终到审美之湖、文化之湖，西湖可谓是善之善者！

《新唐书·白居易传》简要地记载了白居易在杭州的政绩："始筑堤捍钱塘湖，钟泄其水，溉田千顷；复浚李泌六井，民赖其汲。"——可见，白居易在杭州的主要政绩都是与西湖有关的：筑钱塘湖堤和疏浚六井。

白居易来杭任职时，六井与西湖相通的输水管道已严重淤塞，影响了城内供水，所以白居易组织完成了这一疏井引水的工程；那么，这条钱塘湖堤是不是今天的白堤呢？当时的西湖有上、下两湖：

圣塘闸亭

上湖即今西湖，地势较高；下湖当时叫泛洋湖，地势较低，今已湮废。两湖之间，虽筑有旧堤，但堤太低，且年久失修，天旱时，湖水不足，难以灌溉，天大雨，湖水横流，难于蓄存，而且西湖还经常淤塞。白居易经过实地考察和周密调查后，力排众议，决定兴修水利，蓄水灌溉，筑堤救灾。他亲自主持修建了一条拦湖大堤，其位置大约在今宝石山东麓向东北延伸至武林门一带，当时人称"白公堤"。堤成之日，白居易还写了一篇《钱塘湖石记》，刻石勒碑于湖岸，开篇就说："钱塘湖事，刺史要知者四条……"这分明就是对继任者的殷切交待了。文中详细讲述了治湖的道理、筑堤的经过及湖堤的重要水利功能。今天的圣塘路口水坝亭子上，全文书写着这篇《钱塘湖石记》，结尾处郑重署名："长庆四年三月十日，杭州刺史白居易记。"

为了保护西湖的自然环境，白居易还发布了一条特别的法令：穷人如果违反了西湖管理之法，就罚他在湖边种几棵树；富人如果触犯了此法，就罚他在湖上辟除葑草——因葑草蔓生易致淤积，湖面也会愈窄，影响水利。

"唯留一湖水,与汝救凶年。"白居易在离任杭州时的诗中这样写道。他已经充分认识到西湖对于杭州老百姓的民生福祉实在是太为重要了。而在他的心中,念念不忘的也是这一泓湖水:"未能抛得杭州去,一半勾留是此湖。"

白居易当年筑的那条"白公堤"到明代的时候渐次崩塌,曾进行过重修,但现已不存,它当然不是今天的白堤。今天的白堤在当时称为白沙堤或沙堤,白居易在诗中也屡有提及。但后人为了纪念白居易,更愿意在情感上接受白堤即白公堤。

3. 满林烟月到西湖:西湖是文化的象征

在西湖的轮廓上,与白堤相呼应的是一条横亘南北的苏堤。这条人工湖堤的诞生,本身就是人类的一次伟大美学实践。

白居易离杭 200 多年后,西湖又迎来了一位贤太守——大名鼎鼎的苏东坡。

这是苏东坡第二次来杭州了。如前文所说,熙宁四年至七年,在他 36 岁至 39 岁间,他曾来杭州任通判。时隔 15 年,54 岁的他出知杭州。

苏轼在杭州历史上的地位只有唐代的白居易可以跟他媲美,今天的杭州西湖留有两条美丽的堤,一名苏堤,一名白堤,就是为了纪念这两位先贤的。我们已经知道,白居易筑的堤其实并非今天的白堤,而苏堤倒真是苏轼发起西湖清淤后,由湖里挖出来的葑泥堆积起来的。

北宋元祐四年(1089),苏东坡以龙图阁学士、左朝奉郎出知杭州。此

苏堤

时的西湖淤塞荒芜几占湖面之半，积葑约100公顷，干涸时，几至龟裂，他心疼不已。元祐五年（1090），苏轼主持开浚西湖工程，并向朝廷上了《杭州乞度牒开西湖状》。疏浚工程于元祐五年四月二十八日开工，用工20余万，半年不到便完工。其间，取葑泥筑长堤，架六桥，湖边堤岸遍植桃柳芙蓉，人称"苏堤"。"苏堤春晓"在南宋时已是"西湖十景"之一。湖中建三塔，即今"三潭印月"之前身，亦为"西湖十景"之一。今天的杭州人在苏堤之侧建了座苏东坡纪念馆，太守迎风而立，长驻西湖矣！

　　苏堤的形成在整个西湖的景观格局演变中是一次美学意义上的伟大创举。它不仅解决了西湖的南北交通问题，还为空阔的水面平添了一道"苏堤春晓"的景致。以苏堤领衔的湖中人工堤岛巧妙地将湖面分割成了大小不同的水面和观赏区域，人们走在堤上如在画中游，站在堤上向东眺望，前方豁然开朗，西湖"三面云山一面城"的独特风貌在眼前铺陈开来。

　　这一条充满诗情画意的长堤，是苏东坡将山水治理与大地艺术相结合的神来之笔，也成为西湖这幅山水画卷上的点睛之作。对于这样的杰作，苏东坡自己也很得意："我在钱塘拓湖渌，大堤士女争昌丰。六桥横绝天汉上，北山始与南屏通。忽惊二十五万丈，老蓴席卷苍云空。揭来颖尾弄秋色，一水萦带昭灵宫。"他在离开杭州多年后，仍与友人就此往来唱和，交流心得。由此可见，苏堤从它诞生这一刻时就不是一条简简单单、随意堆起的土堤，而是有堤有桥、夹植桃柳的景观堤，饱含智慧与理想的文化堤。

文化散文作家胡志炯认为，苏堤连接南屏、栖霞两山，是第一条纵跨西湖南北的陆地通道。苏堤如此选址，是为了在不妨碍杭州城市防务的前提下，为大部分杭州民众提供一条由城市前往灵隐寺的便捷道路。而在此社会实用功能的基础上，苏堤的长度与孤山路（孤山西南端至断桥东北）的长度比恰为黄金分割比，其结构与位置均符合美学规律。苏堤恰好是西湖最大矩形的黄金分割线（即次大矩形的长边）。曲院、孤山均位于最大矩形的北侧边上，花港、吴山则位于南侧边上。更巧妙的是，苏堤第三桥压堤桥以及御碑亭恰好将苏堤又进行了黄金分割。这个点也是历来公认西湖景观的最佳观赏处之一。如此，也就可以理解后世康熙皇帝选择此处题写"苏堤春晓"的原因了。

苏堤确定了湖区东西的黄金比例，形成了恰好的山水视域，从此，六桥水流如线，长堤一痕，就成为远山背景下的山水分界。即便在"天欲雪，云满湖，楼台明灭山有无"的时节，它依然是一道清晰可辨的美丽印迹。明崇祯五年（1632）十二月，大雪三日，湖中人鸟声俱绝。大散文家张岱独拏一小舟，去湖心亭赏雪，此时"天与云与山与水，上下一白。湖上影子，惟长堤一痕、湖心亭一点、与余舟一芥，舟中人两三粒而已"。这种几乎纯美的意境，更让人领略到一种遗世独立、卓然不群的高雅情趣。

这是苏东坡对西湖的贡献。自苏东坡之后，历代的杭州官员都奉此为法，把西湖疏浚工程与景观设计相结合，用淤泥葑草依次堆出了赵公堤、杨公堤、湖心亭、小瀛洲和阮公墩，在这片湖上一次次地展示着中国山水景观设计作品，实践着美学意义上的人类创造。在持续近千年的过程中，西湖也逐渐转变成一个具有自然和人文双重美学特性的湖泊，成为中国传统文化在山水美学领域里的典范。

西湖这种以堤岛分割水面的景观营造法，成为中国传统景观营造的经典案例，也深刻影响了国内其他地方乃至日本、韩国等东亚国家的景观设计和造园艺术。

著名作家吴晓波认为，在中国文学中有几个非常关键的空间意象，它们起到了指代的功能，比如天山、玉门关、长安、东海、泰山和西湖等，这些意象在文人的叙事文本中分别指向一种达成共识的知识概念——西天的尽头、边疆、都城、东方极限、天际线和美好的江南，这是类似于基因的"语言的秘密"，一旦出现，就会引起本能的文化共鸣。西湖在中国文化中的意义盖在于此。

白居易与苏东坡当然是历史上最有名的两位"西湖主"，所谓"杭州若无白与苏，风光一半减西湖"。中国人讲"景由情催，情由心生"，任何一派自然美景，若没有文化元素的点化，也许并不能引发人们由衷的情感响应。西湖这片山水，正是白居易、苏东坡等人的文学描述，才让它散发出源于自然却又超越自然的人文之美，从而成为东方名湖、天下第一名湖。

当然了，在白居易、苏东坡的身影背后，还有历朝历代无数为西湖作出贡献的人士。老天是垂青杭州的，因为它拥有西湖，历史也是垂青西湖的，因为西湖得到了无数懂得她"天命"所在的人们的珍视。从唐代开始，一代又一代的地方官员为之殚精竭虑，把保护西湖、建设西湖作为治理杭州的第一要务。

唐代李华的《杭州刺史厅壁记》上就说："杭州，东南名郡……所临莅者多当时名公。"根据相关资料，有唐一代刺杭且任年可考者就有87人，其中如太宗朝的薛万彻、中宗时的宋璟、玄宗朝的袁仁敬、肃宗时的刘晏、代宗朝的元载、德宗时的李泌、文宗时的李宗闵都是一代名臣；吴越国时期，钱氏三世五王也都为西湖倾尽全力，吴越国开国君王钱镠不仅否决了方士填湖修筑宫殿以祈千年国运的建议，还按军队的建制设立"撩湖兵"百人专司浚湖，该支队伍成为西湖历史上最早的体制内成建制的常设疏浚队伍；到了北宋，名相范质之子范旻首任杭州知州，后来又有张咏、宋祁、张方平、孙沔、梅挚、蔡襄、赵抃、苏颂、胡则、吕惠卿、沈遘等能臣干员先后治杭；南宋定都临安（今杭州）后，浚治西湖更成了一项基本国策，朝廷每隔十多年就会对西湖进行一次较大规模的疏浚和治理，西湖开始成为园林式大花园和游人如织的旅游景区；到了明清两代则有周新、杨孟瑛、胡宗宪、李卫、阮元、林启等分别在杭任职，尤其是明代的杭州知府杨孟瑛力排众议，于明正德元年（1506）二月开始了历史上规模最大的一次西湖疏浚。清代的康熙、乾隆两位皇帝总共11次南巡杭州，促进了对西湖湖山胜迹的整治，而皇家钦定御题的"西湖十景"景名也使这些滥觞于南宋画家笔下的西湖景观更加深入人心。清雍正至嘉庆年间的两

白苏二公祠

位浙江巡抚李卫和阮元，先后对西湖进行了全面的疏浚整治，李卫增修了"西湖十八景"，阮元则将挖出的淤泥堆筑于湖心亭之西，人称"阮公墩"，形成湖中三岛的最后一岛。

仿佛历代杭州的主政者都知道西湖的基因密码，不断地对它加以保护和建设，让它顽强地生存下来，以一种最好的面貌存在于世。

据统计，唐代至清代重大的西湖疏浚工程共有23次。其中，时间间隔100年以上的有3次，最长的间隔为168年；时间间隔20年以下的有7次，最短的间隔为8年。

"天下西湖三十六，就中最好是杭州。"同样称作"西湖"的湖泊在中华大地上曾经有过几十处，唯有杭州西湖，不仅保持了它的一泓清水，而且从最初的饮用、灌溉到放生、捕捞，从酿酒、助航到游览、观赏，其功

阮公墩

能不断地发生着变化和演进,最后演化成一座自然与文化并重于世的人类丰碑,不能不说是人类湖泊史上的奇迹。这是一种文化观念上的高度连贯性、审美认同上的高度统一性。这种前后一致、高度默契的努力,不仅是一种集体的无意识,而且是一种文化上的自觉,深深体现了中国文化内在的生生不息的力量。

1964年6月,陈毅副总理陪同外宾游览杭州西湖,在宴会上即席赋了一首诗——《赠杭州市长》:

杭州太守例能诗,市长今日岂无辞?
绿化真成连天碧,环湖公路骋怀宜。
柳浪闻莺名副实,灵隐净慈胜昔时。
每年游客五百万,生民以来无此奇。
观此时代大弦乐,吟风弄月小曲微。
建设待看日新异,海潮湖水共一湄。

这首诗的首句其实是套用苏轼的《诉衷情》词:"钱塘风景古来奇。太守例能诗。"

确实,在历代治杭的名臣能吏中不乏诗词高手,而个中又以白、苏为翘楚。

白居易留下的诗篇将近三千首,在唐代诗人中,他的存诗是最多的。而现存白居易的诗作中,描绘西湖山水胜迹、四时风光的就有两百首左右,为历代诗人之最。唐代,是一个诗歌盛行的年代,人们自信而乐观,既向往功名事业,又追求充满诗意的生活,寄情于青山绿水,于是一泓湖水便幸运地成了诗人们的灵感之源泉。

>孤山寺北贾亭西,水面初平云脚低。
>几处早莺争暖树,谁家新燕啄春泥。
>乱花渐欲迷人眼,浅草才能没马蹄。
>最爱湖东行不足,绿杨阴里白沙堤。

唐穆宗长庆二年(822),白居易到达杭州刺史任所,第二年春天,便写出了这首不朽名篇《钱塘湖春行》。

长庆四年(824)的春天,诗人又为西湖奉献了一首《春题湖上》:

>湖上春来似画图,乱峰围绕水平铺。
>松排山面千重翠,月点波心一颗珠。
>碧毯线头抽早稻,青罗裙带展新蒲。
>未能抛得杭州去,一半勾留是此湖。

在这首诗里,白居易第一个将西湖的美景比作了一幅图画,四周群峰环绕,湖面春水平铺。诗的颔联从湖西洪春桥至灵隐一带九里松的重峦叠翠,说到月照湖心好像一颗明珠。颈联写近湖地带水田早稻的嫩苗像大片碧毯上的线头,湖岸边的新蒲则像少女的青罗裙带。53岁的白居易眼看着自己杭州刺史的任期年内将满,不由得对这片好山水留恋万分。

即使到了晚年退居洛阳后,他回忆起在杭州的那些美好日子,还是无比怀恋:

江南好，风景旧曾谙。日出江花红胜火，春来江水绿如蓝。
能不忆江南？

江南忆，最忆是杭州。山寺月中寻桂子，郡亭枕上看潮头。
何日更重游！

白居易的诗歌在当时广为流传，"王公、妾妇、牛童、马走之口无不道"，通过他的诗词，西湖的湖山之胜极大地得以扬名，事实上，西湖的出名也正是始于唐代，甚至"西湖"的名称最早也是在白居易的诗《西湖晚归回望孤山寺赠诸客》和《杭州回舫》中出现。

诗以景名，景借诗传。舀一瓢西湖水，你就能掬起一首美丽的诗章，而凭借着这些诗篇，西湖也就真正地诞生了。

关于西湖的诗作，后世诗家中可与白居易堪称"双峰插云"的唯有苏东坡。西湖的景物，在苏东坡的诗中，都焕发着那么美丽的光彩，具有那么吸引人的魅力。他对西湖的一山一水、一花一木，都注入了深深的情感。他爱西湖的山，"最爱灵隐飞来孤"；他爱西湖的水，"还来一醉西湖雨"；他爱西湖的寺院楼台，"缥缈危楼紫翠间"；他爱西湖的树，"乔松百尺苍髯须"；他爱西湖的花，"洗尽铅华见雪肌"（梅）、"一朵妖红翠欲流"（牡丹）……而为大家耳熟能详的，除了前面说到的那首《饮湖上初晴后雨》，还有一首脍炙人口的《望湖楼醉书》：

黑云翻墨未遮山，白雨跳珠乱入船。
卷地风来忽吹散，望湖楼下水如天。

诗里写了夏季西湖的一场骤雨。诗人用"翻墨"来形容黑云,见其来势之凶猛;用"跳珠"来生动地比喻急打的雨点,见雨势之急骤。雨来得快也去得快,雨后的西湖已是"望湖楼下水如天",水天一色,一片洁净澄明了。这种骤雨中急速变幻的湖景,被诗人的一双醉眼所捕捉,更带有一种如梦如幻的感觉了。

杭州人热爱这两位西湖的"文化大咖",每每将白、苏并举,有纪念白居易的"白傅路",就有纪念苏东坡的"东坡路""东坡亭""学士路";在西湖的孤山山麓立有一座白苏二公祠,而在灵隐寺大殿上也留下了这么一副楹联:

东坡亭

古迹重湖山,历数名贤,最难忘白傅留诗,苏公判牍;
胜缘结香火,来游福地,莫虚负荷花十里,桂子三秋。

上联将"白傅留诗"与"苏公判牍"并列,而下联的"荷花十里,桂子三秋"则出自北宋著名词人柳永讴歌杭州、讴歌西湖的著名词章《望海潮》:

东南形胜，三吴都会，钱塘自古繁华。烟柳画桥，风帘翠幕，参差十万人家。云树绕堤沙。怒涛卷霜雪，天堑无涯。市列珠玑，户盈罗绮，竞豪奢。

重湖叠巘清嘉。有三秋桂子，十里荷花。羌管弄晴，菱歌泛夜，嬉嬉钓叟莲娃。千骑拥高牙。乘醉听箫鼓，吟赏烟霞。异日图将好景，归去凤池夸。

这首词一反柳永惯常的纤弱风格，以大开大阖、波澜起伏的笔法，浓墨重彩地铺叙展现了杭州的繁荣和山川壮丽景象，可谓"承平气象，形容曲尽"。词一问世，也迅速在当时传唱走红，据说金国国主完颜亮看了这首词也动了兴兵南下、"立马吴山第一峰"的念头。跟白、苏描写西湖的经典诗词一样，这首《望海潮》也成了西湖的一张名片。

其实，有关西湖的诗词又哪里能够一一枚举？宋之问的"楼观沧海日，门对浙江潮"、杨万里的"接天莲叶无穷碧，映日荷花别样红"……乃至毛泽东三上北高峰的"热来寻扇子，冷去对佳人"，这一泓湖水在一千多年的岁月里积淀了太多的文化因子，有多少文人墨客为她倾倒，将她讴歌。作为一名游客，哪怕你记不住这么多的诗词，你只要稍稍有心地驻足停留，看一看西湖边的那些楹联：

八百里湖山，知是何年图画；十万家烟火，尽归此处楼台。

湖山此地曾埋玉；花月其人可铸金。

泉自几时冷起；峰从何处飞来。

青山有幸埋忠骨；白铁无辜铸佞臣。

西湖天下景

水水山山处处明明秀秀；晴晴雨雨时时好好奇奇。

十四州一剑霜寒，辟门天子，闭门节使；三五夜群斐玉艳，陌上花开，江上潮来。

开口便笑，笑古笑今，世事付之一笑；大肚能容，容天容地，于人何所不容。

黄泽不竭；老子其犹。

……

你就会发现，你其实已经置身于一个中华文化遗产的宝库之中：这里有两情相悦的柔情万种，有四季晨昏的百般变化，有云涛松风的仙逸灵气，有金戈铁马的壮怀激烈，有大彻大悟的慈悲襟怀，有俯仰可拾的世俗欢喜……

西湖是伴随着中国历史文化的脉络成长起来的，一泓西湖水，半部中国史。有专家认为，西湖是"中华民族真正带来原生精神的文化样板"，"它就是一本《红楼梦》式的百科全书，是一个文化宝库"。如果把西湖仅仅看成是一个普通的风景名胜区，一个迎来送往的旅游目的地，那实在是把它看扁了，你就等于没有游过西湖。

有关西湖的诗章典籍在清代已经编纂成了厚厚的《西湖志》和《西湖志纂》，可以毫不夸张地说，西湖文化的研究已经足以构成一门"西湖学"。而对一般的游客来说，他们在轻吟几句"水光潋滟晴方好"后，更喜欢听的是那些动人的西湖故事和传说。那是属于普通人的文化。

4. 千年等一回：西湖是美丽的传说

白娘子在西湖边寻找了好几天。

她没有选择那些风流倜傥的文人雅士，也没有看上那些宝马雕车的纨绔公子，却偏偏喜欢上了一个有几分忠厚，又有几分自私，有几分老实，又有几分势利，有七情六欲，有点小算盘但总体还算善良的一个小市民、开药店的小商人许仙。

这是一个极有意思的选择，它迥异于民间故事中才子佳人的一般套路。老实说，无论从哪方面说，许仙都算不上一个理想的男人，可白娘子却偏偏看上了他。

白娘子是经千年修炼而成人形的蛇精。蛇是阴柔之物，是最有灵性的，所以她成仙后到西湖来寻找新的生活。

那么，她要寻找什么样的生活呢？

她到人间是为了寻找人间的世俗生活，她希望跟我们一样体验人间的喜怒哀乐、柴米油盐，跟我们一样过一个普通的"人"的生活。她自己已经是"仙"了，所以她要找的就是一个跟我们一样的"俗人"，一个平常人。

白娘子是懂得生活的，那种看似庸碌的平常生活里其实包含着一种生活本原的质朴美。爱许仙，其实就是爱人间的生活。

《白蛇传》的故事就这样在西湖上演了。西湖风光旖旎，且其位置处于城、野之间，符合爱情源于人间烟火的理想状态。而西湖开放、包容的景致，更衬托了这出人蛇爱情的悲剧意味。

这个故事的关键情节发生在断桥。白娘子在断桥边上找到了许仙。在后来的各种版本中，又加入了"断桥相会"等情节，断桥由此成为一个有标志性意义的关键地点，被赋予了浪漫的爱情色彩。然而，真正读懂《白

断桥

蛇传》的人应该知道，西湖作为这出戏的背景，除了一份演绎出来的"千年等一回"的浪漫外，更多的是承载了一份世俗的、生活的向往。

这是一泓寄托了太多世俗情感的湖水。它是平民的，也是亲切的；它是大众的，也是具有普遍价值的。

三生石

与圆明园、颐和园、承德避暑山庄这些皇家园林不同，跟苏州的拙政园、网师园、留园等私家园林也不同，西湖一直是世俗平民的开放式的公共园林。人们热爱西湖，就因为西湖是真正属于他们的。

民间故事喜欢在民间的土壤上滋生。中国的"四大民间传说"（白蛇传、梁祝、牛郎织女、孟姜女）有两个发生在西湖，与"白蛇传"一样为人们津津乐道的是"梁山伯与祝英台"的故事，借鉴越剧曲调而创作的一曲小提琴协奏曲《梁祝》更是誉满全球，传说中梁山伯、祝英台曾经就读的万松书院现在已经成了杭州的年轻人相亲谈恋爱的热门场所。西湖的温柔就在于她总是默默地滋养着人间的幸福。

另一个被当代青年视为"爱情圣地"的场所是三天竺的三生石。

从杭州灵隐寺前那块写着"咫尺西天"的照壁往右走,经"三竺灵鹫"牌坊就进入了天竺路。道旁有清澈见底、鱼虾畅游的小溪,顺着小溪便到了三天竺法镜寺。

法镜寺在莲花峰下,莲花峰因峰顶开裂如莲花而得名。在弥漫着香火气息的灵竺道上,突兀地耸立着这么一座状如莲花的山峰,也是大自然的神奇造化。峰下有块高约三米、宽约六米的大石头。石头其实是不起眼的,只是上面镌了"三生石"字样的红色篆字便传奇了:

相传唐代李源与洛阳慧林寺圆泽和尚友善,相约同游三峡。船行至南浦,见一孕妇在河边用瓦罐汲水。圆泽说:"孕妇肚子里的孩子就是我将要投胎托身的。三天后,他们家要举行浴儿仪式,愿公登门一见,我当以一笑为证。十二年后的中秋月圆之夜,我跟你相会在杭州天竺寺外。"

当天晚上,和尚便在舟上圆寂坐化了。而岸上响起了清亮的婴儿啼哭声。三天后,李源将信将疑地来到岸上的那户人家。他们正杀鸡烹鹅地庆祝弄璋之喜。浴儿之时,李源探头去看,婴儿果然朝他开颜一笑。

光阴荏苒,十二年过去了。

渐渐老去的李源心头突然被什么东西撩拨了一下,他忆起了与圆泽和尚订下的天竺之约,便如约来到杭州。

中秋之夜,山雨初晴,月色满川。李源不无忐忑地踯躅于天竺道上。此时,突然传来一阵清澈的牧笛声,一个牧童扣着牛角高歌:

三生石上旧精魂,赏月吟风不要论。

惭愧情人远相访,此身虽异性常存。

正在彷徨无处寻时，听到这样的歌声，李源知道这个牧童就是圆泽的后身，便上前对着牧童莫名其妙地问候了一句："泽公健否？"

没想到牛背上的牧童居然开口答道："李公真信士也。"

李源还想再说什么，牧童已经浑然不觉地骑着牛远去了。

三生石的三生分别代表前生、今生、来生，故事本身似乎跟爱情并没有关系，但圆泽与李源是因了三生之缘而践约相会，今天的青年男女相信他们的爱情也是三生有缘的，所以，三生石就成了热恋中的男女必定要去"打卡"的网红之地。

西湖的美丽原本就源于一代一代人的塑造，人们愿意将美好的情感赋予她，让她来承载他们的喜怒哀乐、理想和希望。而西湖也因为有了这样丰富的情感寄托，而具有了深邃的美学内涵和宏大的哲学体系。从其形成至今，西湖就是一则不断充实着的美丽传说，而且这则传说并未结束，西湖强大的生命力，使她海纳百川般地接受着老百姓日新月异的智慧和自发的创造。

5. 读你千遍也不厌倦：西湖是一道永恒的谜

西谚有云："湖泊是大地的眼睛。"然而，不是所有人都能读懂那些眼睛。美国人梭罗做到了，他只身一人来到荒凉的瓦尔登湖，开始了一场人与自然的伟大对话。而在梭罗之前的800多年前，与瓦尔登湖相隔万里之遥的杭州西湖，一位宋代的隐士早就开始了与湖水的对话。

隐士的名字叫林逋。我怀疑这个名字应该是他后来自己改的，因为在汉语词典中，"逋"的本意是"逃亡"，当然也引申为逃亡之人。林逋取这个名字，就是以逃避世人自居。

他不求名、不求利，杭州这份山水正好给了他清静修养的场所。一泓温柔的西湖水，可以洗涤尘世的污垢、抚慰寂寞的心灵。

也许是山川钟秀又远离政治中心的缘故，西湖历来为一些隐逸高士所钟情，也因此形成了一种特殊的隐逸文化，林逋是其中的代表。所谓隐逸者，不寻求认同即为"隐"，自得其乐就是"逸"，林逋对自己人格完善的追求是以一种简单朴素的生活及内心的平和、精神的独立来完成的。他一直住在西湖边，史书上记载，说他几十年如一日，甚至连足迹都没有踏进杭州城里一步。

林逋的隐居之地就在西湖边的孤山。

孤山上有不少梅树，每年冬去春来，最先感知春天的消息而在枝头张开睡眼的总是梅花。而赏梅的人绕过孤山北麓，会看到一座碑亭，这就是放鹤亭。这满坡的梅树和这座亭子，记取的就是这位隐士的人生。

林逋在孤山种梅养鹤。据说他种了360多株梅树，梅能结果，梅实出售就是他的收入。他喂养了两只鹤，其中一只叫"鸣皋"，这两只鹤还能解人语，替他报信。当他放舟湖上时，有客来访，仙鹤就会飞来报信。

林逋终身不仕，也终身不娶，天天与梅鹤为伴，自谓"以梅为妻，以鹤为子"，后世称其为"梅妻鹤子"。

林逋的高风亮节在宋朝已经为时人所敬重，拜访他的人络绎不绝。诗人潘阆和梅尧臣都专程来孤山拜访过他，范仲淹对他也很推崇，称他是"山中宰相"。宋真宗也闻其名，赏赐了衣物、粮食，并派官员岁时慰问。

林逋自己给自己筑了一座坟，坟址就选在山脚下一处幽静的地方，紧靠西湖边。西湖水拍打着堤岸，可以跟坟里的自己作竟日长谈。坟筑好后，他又在坟前栽种了几株修竹,稀稀疏疏的,不多栽,多栽就俗了。

天圣六年(1028),62岁的林逋去世,当时的杭州知州李咨亲自带着门人替他守灵七日,仁宗皇帝则赐谥号"和靖先生",所以,后世多称其为林和靖。

就像凡·高等画家喜欢替自己作自画像一样,林逋生前也曾为自己写了一首"墓志铭"式的诗:

> 湖上青山对结庐,坟前修竹亦萧疏。
> 茂陵他日求遗稿,犹喜曾无封禅书。

之所以说这首诗是"墓志铭"式的诗篇,是因为林逋正是通过这首诗对自己作了盖棺定论:他一生清白,不随波逐流,正气凛然。

他的生后,有梅花一朵一朵地绽放。

林和靖的书法、绘画俱称上品,可惜今已不传,据说他作诗也随就随弃,从不刻意留存。但他的诗作毕竟还是保留了下来,至今广为流传,最著名的一首当数《山园小梅》:

> 众芳摇落独暄妍,占尽风情向小园。
> 疏影横斜水清浅,暗香浮动月黄昏。
> 霜禽欲下先偷眼,粉蝶如知合断魂。
> 幸有微吟可相狎,不须檀板共金樽。

"疏影横斜水清浅,暗香浮动月黄昏"一联,历来被推崇为咏梅绝唱,

放鹤亭

至今无出其右。而杭州孤山作为赏梅胜地，也正是始于林和靖。

梅花的品节也正是林和靖一生的写照，苏东坡就称赞他："先生可是绝俗人，神清骨冷无由俗。"也许，只有爱梅花爱到像知心爱人那般，才能写出林和靖那样的梅花诗。

林和靖隐居在孤山，也开发了孤山。他是孤山景点的开拓者，孤山因他而扬名。今天的杭州孤山仍然保留着放鹤亭、林逋墓等古迹。康熙皇帝南巡，为放鹤亭题字，并仿董其昌字体，书鲍照《舞鹤赋》，并勒石亭中。林则徐在杭州任职时又对放鹤亭作了修建，并题楹联一副：

"世无遗草真能隐；山有名花转不孤。"

林和靖先生的一生可以用海德格尔那句名言"人应该诗意地栖息在大地上"来概括，西湖为他提供了这片诗意的大地。

西湖也见证了英雄烈士的壮怀激烈、碧血丹心和功名尘土。坐落在栖霞岭南麓的岳王庙至今仍是游人络绎不绝的一处西湖景点。

岳飞，这位起自河南汤阴的农家子弟于北宋末年投军，从1128年起到1141年为止的十余年间，率领岳家军同金军进行了大小数百次战斗，所向披靡，先后收复郑州、洛阳等地，又于郾城、颍昌大败金军，进军朱仙镇，意欲"直捣黄龙府，与诸君痛饮耳"。而宋高宗、秦桧却一意求和，以十二道"金字牌"逼令退兵，最终又以"莫须有"的罪名将岳飞杀害。当时的大理寺狱卒隗顺感其忠义，冒着风险将其尸骸偷出来葬于钱塘门外九曲丛祠旁（今昭庆寺青少年宫附近），西湖也因此"青山有幸"埋下了英雄的忠骨。宋孝宗时，岳飞冤狱被平反，改葬于西湖畔栖霞岭下。800余年来，岳飞就成了白居易、苏东坡之外的另一种象征，他为西湖赋予了新的价值内涵，成了西湖阳刚之气的代表。

有意思的是，南宋朝廷决定将岳飞改葬在栖霞岭下，就当时西湖的情势而言，这里算不得是最好的地段，甚至可以说还相对偏僻。但到明朝之后，从钱塘门进出西湖成了主流，从涌金门坐船到岳坟上岸也成了湖上旅游的主要交通线，游览西湖和拜谒岳庙就成了一当两便的事。而西湖的旅游，在21世纪初西湖综合保护整治工程实施之前，一直是北线热而南线冷，岳庙是北线景区旅游线路的重要一站，不像参拜别的历史名人墓地那样需要专门寻访，这使得长期以来瞻仰岳飞墓（庙）的人数远远超过其他历史名人的数量。从这个意义上说，究竟是西湖成全了岳飞，还是岳飞成全了西湖？

自岳飞之后，一股浩然英雄气成了西湖的又一个永恒主题。明朝"土木堡之变"后，生为杭州人的兵部尚书于谦虽力挽狂澜，成功地组织了京师保卫战，却在后来的"夺门之变"中被阴谋杀害。仿佛是上天要找一泓温柔的湖水来慰藉蒙冤的灵魂，杭人收拾了他们英雄的遗骸，将其归葬于生他养他的西子湖畔。若干年后，于谦冤案昭雪，恢复官位名誉，后人在西湖三台山麓建于谦祠四时祭祀。杭人将他提到与岳飞一样的高度，清代的杭州大才子袁枚就在诗里说："赖有岳于双少保，人间始觉重西湖。"

水波荡漾，浪奔浪流，是流不尽的英雄泪，淌不完的壮士血！

国亡家破欲何之？西子湖头有我师。

　　日月双悬于氏墓，乾坤半壁岳家祠。

　　惭将赤手分三席，敢为丹心借一枝。

　　他日素车东浙路，怒涛岂必属鸱夷！

张苍水在赋这首诗的时候，已经是兵败被俘的南冠之身。在诗里，他表明向长眠于西子湖头的岳飞、于谦两位先贤学习的心迹，表达了国亡家破、独木难支后心如铁石，只求成仁的必死决心。康熙三年（1664）九月七日，方巾葛衣的张苍水乘着竹轿来到杭州弼教坊（今官巷口北）的刑场，从容就义。临刑前，他抬头眺望凤凰山一带，叹出三个字："好山色！"

这是对西湖的绝唱，也是生命的升华。

张苍水就义后，故交黄宗羲等收拾遗骸，将他葬于南屏山荔枝峰下，当时不敢公开，只称为"王先生墓"。一直到乾隆四十一年（1776），清廷录明故殉节诸臣，褒谥张苍水为"忠烈"，张苍水墓才得以让人公开祭扫。今天，张苍水墓与岳飞庙、于谦祠一起，鼎足而立，彪炳千秋。"西湖三英烈"

张苍水墓

为原本婉约秀丽的湖山增添了一份磅礴浩然之气。当你徘徊在甬道上的那些石兽翁仲之间，追怀这几位西湖英烈的慷慨人生时，你的心中会不由得涌起一股肃然之情。想当年，在评选杭州市花时，有不少市民坚持要求将梅花与桂花并列，此中的深意，在这一刻，你就能理解了。

不过，西湖确实太过博大。古往今来，多少英雄豪杰为之竞相折腰，多少文人墨客为之一咏三叹。历经千年修炼的她，仿佛每一滴水都是浓得化不开的文化。

她却又是如此淡定，千百年来就依偎在这座城市的身边，默默地守候着市井的喧嚣，经历着风雨的洗刷，接受着时光的洗礼。无论风云变幻、时光轮回，无论家国情仇、儿女情长，无论南来北往、赞叹评点，她都包容入怀。

第一次来西湖，很多人都有这样的感觉，西湖的山水是那么的似曾相识！难道是在梦里见过吗？确实，西湖之于中国人，太熟识了。只要是浸淫着中国文化成长的人，谁能不知道西湖呢？但是，对于西湖，谁又能说得清、看得全呢？大家总感觉怎么也说不好西湖，无论从哪方面说都总是挂一千漏一万，连学识无双的苏大学士都感慨赋诗："西湖天下景，游者无愚贤。深浅随所得，谁能识其全。"

从严格意义上说，对于西湖，我们大多数人其实还是陌生的，而陌生，也许正是在于人们的熟识。

西湖就像一道永恒的谜，横亘在中华文化的殿堂里，读懂西湖，从来就不是那么容易。

6. 上有天堂，下有苏杭：西湖是老百姓心中的至宝

著名的人文主义地理学学者段义孚曾提出过一个"恋地情结理论"，即人和环境之间存在着感情纽带，人与环境的关系很大程度上由人的感知、态度和价值观决定。西湖在历史发展过程中被营造成理想化的自然和人类的文化记忆，就是一种恋地情结的体现。

"我们的家，住在天堂，碧绿的湖水荡漾着美丽的梦想……"如果你在杭州生活得够久，就一定会哼上几句《梦想天堂》。

20多年前，当这首歌随着电视台黄金档开播唱响时，干净明快的旋律，一下子进入了很多守候在电视机前的杭州人的心里。可以说，它是继《新白娘子传奇》主题曲《千年等一回》后，又一首在杭州市民中广泛传唱的西湖歌曲，被认为是近年来谱写杭州的歌曲中少见的精品，在杭州的很多大型活动中都被作为指定歌曲传唱。

《梦想天堂》的词曲作者是一位在西湖边长大的、土生土长的杭州人应豪。1995年夏天的一场雨，稍稍缓解了暑意。在家闷了十几天都没写出一首歌的应豪走出家门，骑着自行车，从南山路沿着西湖前行。路过涌金门时，他侧望不远处的西湖，灵感就这么突然降临，《梦想天堂》的旋律脱口而出："我们的家，住在天堂。"

"城市里的每一棵树，它们都知道，每一片绿色是你的阳光；城市里的每一条路，它们都知道，有了爱，理想不再是希望。"应豪轻轻地哼着旋律，记下了这些歌词。是啊，西湖边的每一棵树、每一条路，对于他来说，都是再熟悉不过的。

离开杭州，在北京漂了十几年后，应豪又回来了。那年秋天，西湖边

的桂花正开得盛。

他又踏上了南山路，静静感受这座城市的变化、西湖边的变化。路上匆匆忙忙的行人，微笑着给游客指路；斑马线前的车辆，缓缓停下，等待行人先过马路；西餐厅里，用餐的客人在一首钢琴曲结束后，放下餐具友好地鼓掌……

看着每一个细节，应豪突然有了想送杭州、送西湖一份礼物的冲动，他要为故乡创作一首新的《梦想天堂》。"满城的桂花都已开了，风喋喋不休，诉着往事……"与原版相比，新歌的曲调更为舒缓。

新歌 MV 发布会的当天，点击率很快超过 10 万，刷爆了杭州人的微信朋友圈。杭州人对他的热情，似乎丝毫未减。"正如 20 年前的歌里唱的那样，友爱的心门打开便不再关上。"应豪觉得，"因为一座城市的温情，才会有歌唱这座城市的歌，才会有那么多人在这里歇歇且留下。"

"这个被马可·波罗称为'世界上最美丽华贵之天城'，现在正等待着世界各地尊贵宾客的到来。"作为一个老杭州人，应豪也渴望着向世界讲述西湖的美丽和杭州人的热情。

《梦想天堂》英文版的旋律，应豪选择了巴萨诺瓦，这种"新派爵士乐"听起来轻松柔和、浪漫甜美。歌词中则加入了"孤山""西湖"等杭州经典风景元素。一句"你张开双臂，迎接每一位的到来"，诉说着杭州西湖对远道而来的客人的最大诚意。而爱杭州、爱西湖的理由千百种，最终都汇成了一句"我们的家，住在天堂"。

应豪期待着更多外国友人通过这首歌，了解西湖，感受这座城市的美和热情，"让所有的远方看见杭州的模样"。

《梦想天堂》真实地再现了杭州的美丽风景，以至于杭州人一唱起这首歌，就会想起这里的一草一木。很多土生土长的杭州人对这首歌曲感触颇深。一位杭州导游说，她经常要出差到外地，每次出去她都要带着这首歌，想家的时候，她就静静地听着《梦想天堂》，那时，她就感觉自己回到了杭州，感觉自己在西湖边徜徉。

"上有天堂，下有苏杭"是一句流传甚广的民谚，即使在那个信息传播还很不发达的从前，人们靠着口口相传，还是让这句民谚撒播到了天南海北，人们由此对杭州、对西湖产生了无限的憧憬，我们甚至可以说它是中国最早的一句深入人心的广告语。

最早听到这句民谚的是两宋相交时期的曹勋。这位北宋末年的阁门宣赞舍人曾经跟徽、钦二宗一起被金人掳掠北去，后来又设法逃回南朝。据他说，他就曾听到金人口口相传"上界有天堂，下界有苏杭"，可见这句民谚至少在北宋末年已经形成并产生了重大的影响，其辐射力已经远至北方金国。而到了南宋，范成大在《吴郡志》中正式提出了类似说法："天上天堂，地下苏杭。"至于"上有天堂，下有苏杭"这一精确表达的最早出处，则来自元代奥敦周卿（这是一个女真人，姓奥敦）的《双调·蟾宫曲·咏西湖》：

西湖烟水茫茫，百顷风潭，十里荷香。宜雨宜晴，宜西施淡抹浓妆。尾尾相衔画舫，尽欢声无日不笙簧。春暖花香，岁稔时康。真乃上有天堂，下有苏杭。

"上有天堂，下有苏杭"一语，从宋一直流传至今，说明中国人对"苏杭是天堂"有着持久的、强烈的认同。苏杭作为江南城市的代表，其富庶与美丽令一代又一代的中国人为之倾倒。

而事实上，关于这句著名民谚的形成，我们可能又要归功于那位西湖的先贤白居易了。正是白居易将"苏杭"并称，使之成为一个组合概念，塑造了江南"双子星"。范成大在他的记载中也明确表示，他是引用了白居易的诗。

白居易的品题确实是起到了关键的作用。白居易曾任杭、苏二州刺史，任上写过不少盛赞当地的诗篇，是他第一个把苏、杭两州作为江南意象的代表并列起来的，比如他晚年所作的《忆江南》三首，"最忆是杭州""其次忆吴宫"。起先，白居易还只是单夸杭州。任杭州刺史时，他就对身为越州刺史的好友元稹夸口说："知君暗数江南郡，除却余杭尽不如。"后来他任苏州刺史，又说苏州"甲郡标天下，环封极海滨"。之后他便将苏杭并称，颇以曾为"苏杭两州主"而感到自豪。到晚年他回到北方，对苏、杭二州也是念念不忘，曾在和殷尧藩的一首诗中写道："江南名郡数苏杭，写在殷家三十章。君是旅人犹苦忆，我为刺史更难忘。境牵吟咏真诗国，兴入笙歌好醉乡。为念旧游终一去，扁舟直拟到沧浪。"

苏、杭受到如此推崇，无疑与其富庶有关，但这并不是"天堂"的全部。环顾四周，可以发现当时江南已有不少名郡，如常州、湖州，其富庶也都是享有盛誉的。常州被李华推为"关外名邦"，湖州甚至得到顾况"江表大郡，吴兴为一"的评价，但这些地方都没有成为江南的冠冕。白居易曾称颂："杭土丽且康，苏民富而庶。"可见，苏、杭两地的共有特征是富庶且美丽，也就是说，西湖的美景在这句民谚的形成中占到的比重是其他城市所无法比拟的。

不言而喻，"上有天堂，下有苏杭"这句民谚的最终形成，正是白居易的品题与将江南比作天上的民间口碑的合流。至于"先苏后杭"的提法恐怕更多是出于押韵的考虑，连范成大也说："谚犹先苏后杭，说者疑之。"

因为有了这样的口碑，西湖成了中国人心目中的圣地。而对于杭州人来说，他们对于西湖的感情就更不是言语所能表达的了。西湖已经是他们心头最温柔的那个触点，西湖是杭州的"根"和"魂"！

用什么样的视角来解读西湖，让世人更加了解西湖、热爱西湖？

一方面是西湖深入老百姓的心，另一方面却苦于找不到表述西湖特征的最佳途径和恰当的词汇。你说西湖的内涵究竟是什么？怎么给它一个准确的定义，这确实是个难题。

杭州的旅游界一直在努力地向国内外游客介绍西湖，但缺乏对西湖核心价值与美学内涵的有说服力的、系统的诠释。难怪有人说："西湖看看是很美的，来过的游客感觉也都不错，但如果仅用文字和图片来向国内外客人推荐，对没有来过的人而言就缺乏特别的吸引力了。"——有良好的自我感觉，却又表达不出来，无法传递给别人，这真是一种尴尬。

这恐怕也是杭州人普遍的尴尬了。

怎么样破解这种尴尬？怎么样重新认识、重新定义西湖？怎么样将这人间的瑰宝奉献给全人类，让西湖再美丽上一千年、两千年甚至到永远呢？

机会再一次垂青杭州，垂青西湖。

这个机会就是申遗！

申遗，也就是申报世界遗产。那么，申遗究竟是怎么回事？它究竟能给杭州、给西湖带来怎么样的机会和变化呢？申遗又该怎么申呢？

让我们打开申遗这本大书——

一个公约和三个组织：申遗是怎么回事？

第二章

第二章 一个公约和三个组织：申遗是怎么回事？

"战争起源于人之思想，故务需于人之思想中筑起保卫和平之屏障。"

总部位于巴黎的联合国教科文组织（UNESCO）大楼门前突兀地竖立着一面石墙，石墙上刻着教科文组织《组织法》中的这段文字。

联合国教科文组织是联合国教育、科学及文化组织的简称，该组织致力于推动各国在教育、科学和文化领域开展国际合作，以此共筑和平。

早在第二次世界大战尚在肆虐的1942年，正在抗击纳粹德国及其盟国的欧洲各国政府在英国召开了同盟国教育部长会议。

此时，战争还远未结束，世界还是满目疮痍。但这些国家已经开始思考战后教育体系重建的问题。与会的部长们一致认为"政府的政治或经济措施并不足以获得人民长期的鼎力支持。对话和相互理解是建立和平的基础，人类智慧与道德的团结是建立和平的前提"。在此精神指导下，必须积极发展教育手段，消除仇恨、倡导包容，培养全球公民。

这一设想很快取得重大进展，并得到世界范围的支持。包括美国在内的更多国家决定参与到这一计划之中。战争甫一结束，在同盟国教育部长会议的提议下，关于建立一个教育与文化的专门组织的联合国会议即于1945年11月1日—16日在伦敦召开。40多个国家的代表出席了此次会议，一致同意建立一个象征着真正的和平文化的组织。按照他们的设想，这个新的组织应建立"人类智慧与道德的团结"，从而防止爆发新的世界战争。

会议结束时，南非、沙特阿拉伯、澳大利亚、巴西、加拿大、中国、丹麦、埃及、美国、法国、希腊、印度、英国等首批37个国家签署了《组织法》，联合国教科文组织就这样应运而生了。

作为教育、科学和文化领域的国际合作组织，推动各国保护其文化和自然遗产，以促进世界的文化多样性和人类的共同价值观自然是其应有之义，而真正促成联合国教科文组织成立专门的世界遗产委员会还是因为一件事情：

1959年，埃及政府打算修建阿斯旺大坝，但此举可能会淹没尼罗河河谷中的珍贵古迹。1960年，联合国教科文组织发起了"努比亚行动计划"，50多个国家集资4000万美元，成功地保护了这些文物古迹。阿布辛贝神庙和菲莱神庙等古迹被分解，然后运到高地，再一块一块地重新组装起来。之后，联合国教科文组织国际古迹遗址理事会起草了保护世界遗产的协定。

1972年11月16日，在巴黎举办的联合国教科文组织第十七次大会上，正式通过了《保护世界文化和自然遗产公约》：

"今天，180个国家签署支持众所周知的世界遗产公约，团结成为一个共同的国际社区，确认并保护我们这个世界上最有价值的自然和文化遗产……"

公约确认地球上有些地方具有"杰出的普遍价值"，应该构成人类共同遗产的一部分，为保护这些人类的共同遗产，根据该公约，设立了世界遗

第二章 一个公约和三个组织：申遗是怎么回事？

《保护世界文化和自然遗产公约》

产委员会（World Heritage Committee）和世界遗产基金（World Heritage Fund）。

在这份公约上，还明确了世界遗产的定义："人类罕见的、目前无法替代的财富，是全人类公认的具有突出意义和普遍价值的文物古迹及自然景观。"规定将世界遗产分为世界文化遗产、世界自然遗产和世界文化与自然双重遗产三大类。这也是后来各国申遗的三大方向。

世界遗产委员会是联合国教科文组织框架内设立的一个属于政府间的组织，它大致分为世界遗产委员会成员国大会和世界遗产委员会及世界遗产中心（又称公约执行秘书处）三个部分。

世界遗产委员会成员国就是已经签署了《保护世界文化和自然遗产公约》的180个缔约国；而世界遗产委员会则由这180个缔约成员中的21个

成员组成，委员会成员每届任期为6年，每两年改选其中的三分之一。委员会内由7名成员构成世界遗产委员会主席团，主席团每年举行两次会议，筹备委员会的工作。委员会每年在不同的国家举行一次世界遗产大会，主要决定哪些遗产可以录入《世界遗产名录》，并对已列入名录的世界遗产的保护工作进行监督指导。

世界遗产委员会委托世界自然保护联盟（IUCN）和国际古迹遗址理事会（ICOMOS）作为它的专业咨询机构。世界自然保护联盟是世界上规模最大、历史最悠久的全球性非营利环保机构，也是自然环境保护与可持续发展领域唯一作为联合国大会永久观察员的国际组织，该组织受世界遗产委员会的委托，负责世界自然遗产的审定。

国际古迹遗址理事会是由世界各国文化遗产专业人士组成的，是古迹遗址保护和修复领域唯一的国际非政府组织，在审定世界各国提名的世界文化遗产申报名单方面起着重要作用。

世界遗产委员会共有四项职责，其中第一项就是"在挑选录入《世界遗产名录》的文化和自然遗产地时，负责对世界遗产的定义进行解释，在完成该项任务时，该委员会会得到国际古迹遗址理事会和世界自然保护联盟的帮助，这两个组织仔细审查各缔约国对世界遗产的提名，并针对每一项提名写出评估报告"。也就是说，在世界遗产委员会正式审批之前，各遗产申报单位必须按性质分别得到国际古迹遗址理事会或世界自然保护联盟的认可、推荐及其出具的评估报告。文化遗产的申报须由国际古迹遗址理事会认可和推荐；自然遗产的申报须由世界自然保护联盟认可、推荐。除此之外，包括世界遗产中心都不能单独向世界遗产委员会推荐评审的候选单位，也就是说，要跨越这两个咨询机构而直接申报是不可能的。

就这样，一个公约——《保护世界文化和自然遗产公约》；三个组织——世界遗产委员会、世界自然保护联盟、国际古迹遗址理事会，构成了申遗的中心。

而"世界遗产基金"的来源则包括：缔约国每两年定期向世界遗产基金的纳款；缔约国义务捐款和自愿捐款；其他国家、组织、机构或个人的捐款、赠款或遗赠、基本款项所得利息和活动所得收入等，但明确规定"对基金的捐款不得带有政治条件"。

世界遗产委员会

世界自然保护联盟

国际古迹遗址理事会

后来，联合国教科文组织又于1992年专门设置了世界遗产中心，"公约执行秘书处"，以便于负责世界遗产相关活动的协调，保证《保护世界文化和自然遗产公约》的实施，举行世界遗产年会，建议签约国提交申报名单，组织世界遗产基金会的国际参与，负责遗产地状况的相关报告，当遗产受到威胁时采取紧急行动等。也就是说，世界各国申报的资料首先要递交到这个中心进行资料和格式上的"窗口审查"。

1978年，世界遗产委员会的工作取得了实质性的进展，确定了加拿大的拉安斯欧克斯梅多国家历史遗址和纳汉尼国家公园、厄瓜多尔的加拉帕戈斯群岛和基多旧城、埃塞俄比亚的塞米恩国家公园和拉利贝拉岩石教堂、塞内加尔的戈雷岛、德国的亚琛大教堂、波兰的克拉科夫历史中心和维耶利奇卡盐矿以及美国的梅萨维德印第安遗址和黄石国家公园作为首批12处世界遗产列入《世界遗产名录》（The World Heritage List）。

此后，每年或每两年都有新的遗产被列入名录。由教科文组织负责遗产保护计划的官员组成的遗产委员会秘书处也正式开始工作，从1978年起，遗产委员会每年都审议遗产提名。联合国教科文组织成立以来对世界文化和自然遗产的保护是世界公认的重要成就。

那么，中国，在世界遗产事业中后来居上的中国，又是在什么时候开始了我们的申遗历程呢？

1. 中国的申遗之路

说起中国的申遗之路，不能不提到侯仁之先生。

侯先生是著名的历史地理学家、中国科学院院士、北京大学教授。作为中国现代历史地理学的开拓者，侯仁之毕生研究北京城，被人称为"活北京"，他解决了北京城市起源、城址转移、城市发展的特点及其客观规律等关键性问题，为北京旧城的改造、城市的总体规划及建设作出过重要贡献。

1984年，侯仁之到美国康奈尔大学访问，在与几位专门研究华盛顿城市建设的专家聊天时，第一次获知国际上有一个《保护世界文化和自然遗产公约》。而此时，这个公约诞生有12年了，但国内几乎还没有人注意到它的存在。

中国虽然是最早签署联合国教科文组织《组织法》的国家之一，但由于中华人民共和国的联合国席位一直要到1971年才恢复，所以对于这项公约，我们居然一无所知！

交谈中，几位美国教授都说，中国历史悠久，有无数极其珍贵的文化遗址和著名的风景胜地，为什么不加入这个公约，让世界更好地了解中国呢？

"中国的万里长城这一世界文化史上的奇观，不仅是属于中国人民的，也是属于世界人民的"，加州大学伯克利分校地理系斯坦伯格教授的话犹如棒槌一样，重重地击打着侯仁之。

侯仁之顿时如醍醐灌顶！

认识到事情的重要性后，作为全国政协委员的侯仁之回国后急忙起草了一份建议我国政府尽早参加的提案，提案写好后，他又征得了阳含熙、郑孝燮、罗哲文3位政协委员的联署。在1985年4月召开的第六届全国政协第三次会议上，该提案被正式立案。

1985年12月12日，中国正式加入了《保护世界文化和自然遗产公约》，成为缔约国。侯仁之先生也因为他对中国申遗作出的开创性贡献而被业界称为中国"申遗第一人"。

具有五千年文明史的中国从此踏上了申遗之旅。

1987年的中国，第一次有了申报计划，建设部主管自然遗产申报，而国家文物局主管文化遗产的申报。

旗开得胜！

在1987年的世界遗产委员会第11次大会上，从某种意义上可被视为"中国象征"的"长城"当仁不让地成为我国第一个成功入选的世界文化遗产。

这一年，除了长城之外，还有中国明清皇宫（北京故宫）、敦煌莫高窟、秦始皇陵及兵马俑坑、周口店北京人遗址被列为世界文化遗产；泰山被列为世界自然遗产。

首战大捷！6项入选，全票通过！

清华大学遗产中心主任吕舟教授说："我们国家在1985年加入《保护世界文化和自然遗产公约》的时候，国际社会是迫切地希望中国能够加入的。因为没有中国的加入，实际上它是一个不完整的东西，中国毕竟是世界文明当中举足轻重的一个组成部分，没有中国的加入，就不能反映全球文化的每一个方面。"

中国在第一次申报世界遗产时，其实也曾经遇到过很大的困难，最大的困难是时间仓促再加情况不熟。当时，留给6个遗产地的申报准备时间只有不到两年，然而，人们对这个组织和它的评审方式并不熟悉。按照规定，各国在将预备名单报送到遗产委员会秘书处备案后，每年的2月1日之前，必须正式报送申报文本。然而文本当中的那些条款，大家都不熟悉，不知道该怎么填。一系列的制度和做法都要体现在文本当中，每个文本一共定了九大章、几十个条款，每个条款都看得眼花缭乱，却看不大懂。唯一作为自然遗产进行申报的泰山，在申报文本的写作中就遇到了许多困难，快要定稿前，负责文本写作的工作组才得知需要附加照片，但已经没有时间单独印刷照片了，他们最后只得在每一页文本的背后用透明胶条粘贴上照片。当这份有着太多手工制

作痕迹的文本送达遗产委员会秘书处后,工作人员看了相当惊讶,但还是说:"这是第三世界国家提交的最出色的文本。"我们终于全胜而归。

这是一个历史性的时刻!

拥有五千年文明史的中华文明优秀成果开始登上世界舞台,而这个舞台也对中国文化遗产的保护、利用产生重要影响。1988 年,泰山被重新命名为世界第一个"自然与文化双重遗产"。这种双重身份的遗产地,在全球世界遗产的评定中还从来不曾有过。这就意味着,在《保护世界文化和自

中国首批入选的文化遗产

泰山

然遗产公约》里，中国贡献了第一个世界"双遗产"！

然而，当时的中国，对于"世界遗产"的概念还是陌生的，很多人包括进入名录的遗产机构并不很清楚这究竟意味着什么，将会对今后产生怎样的影响。

中国首批世界遗产公布的当天，并未见各大新闻媒体对申遗成功有任何相关的报道，就连业内的报纸《中国文物报》对此也只字未提，而只是在几个月后的一次对文物工作会议的报道中提及了此事。同一天出版的《人民日报》，除了在头版右上方发布《国务院通知进一步加强文物工作》之外，也未见报道。

可见，认识是有一个过程的。

直到十年之后的1998年5月25日，北京人民大会堂才正式举行了隆重的世界遗产证书、"中国世界遗产标牌"颁发仪式。两年后，首次中国世界遗产地工作会议在苏州召开，标志着中国世界遗产事业的全面展开。

对今天的中国人来讲，世界遗产早已不再是一个陌生的词语，它已经走进大众的生活，甚至深刻影响着一个地区的社会和经济的发展。与遗产相关的一些新型词汇也频频出现在报端，如"世遗经济""申遗效应"等。

但世界上的事，往往是先易后难，申遗也离不开这条规律。

获得第一次申报的巨大成功后，在中国，越来越多的项目开始走上了世界遗产的申报之路。但门槛越来越高，标准越来越严，入选越来越难。

事实上，为了应对历史上强势文化区产生更多文化遗产这一现象，同时也为了尊重世界文化的多样性，世界遗产委员会在应对世界遗产分布不均衡而采取的措施中，往往更倾向于照顾一些小国家，并且兼顾自然与文化遗产，以体现平衡性和代表性的原则。

2000年，在澳大利亚凯恩斯召开的第二十四届世界遗产委员会会议上，出台了强调"平衡性和代表性"原则的《凯恩斯决议》。决议规定：已拥有较多世界遗产的国家一年只能申报一项，没有世界遗产项目的缔约国的申报将得到特别支持，决议还确定每年提名项目总数为30个。

尽管在2004年的第二十八届苏州世界遗产委员会会议上，《凯恩斯决议》调整为一国一年可以申报两项世界遗产（但至少一项是自然遗产），提名总数也增至45个，但进入世界遗产的通道仍然狭窄，竞争越来越激烈。

即便如此，在接下来的十几年里，中国还是创造了年年至少申报两项世界遗产并且年年成功的奇迹，这在世界遗产申报史上是没有先例的。截至2023年9月，我国共拥有57项世界遗产。其中文化遗产39项，自然遗产14项（居世界第一），自然与文化双遗产4项。

35年来，中国丰富瑰丽的山川风物、历史遗存，通过申遗，在世界面前得以尽情展现，保护遗产、传承文化的理念也日益深入人心，体现出一个文明大国守护人类共有财富的责任与担当。

回顾中国的申遗历程，我们可以发现，它迈出的每一步，都是和我国社会的发展进程休戚相关的。随着经济的发展和腾飞，我国一改一百多年来积贫积弱的状况，新时期的文化复兴和民族复兴之梦，逐渐取代了曾经大行其道的文化虚无主义和民族虚无主义。在这样一个文化和民族自信心重建的过程中，世界遗产成了其中不可或缺的一环。

那么，世界遗产究竟是怎样申报、怎样评定的呢？

2. 世界遗产的申报程序和规则

申遗是技术性非常强的"社会工程"，要成功申遗，既要对世界遗产领域的各种概念、遴选标准有深刻的理解，又要对申请世界遗产的规则、程序有整体的把握。

根据联合国教科文组织的相关文件，世界遗产的申报需要完成九个步骤：

首先，一个国家必须要签署《保护世界文化和自然遗产公约》，并保证保护该国的文化和自然遗产，成为缔约国后，才有资格进行申报。也就是说，没有签署该公约的国家是无权申报世界遗产的。中国在1985年12月12日正式签署了《保护世界文化和自然遗产公约》，成为缔约国之一，从此，中国的瑰宝都有了申遗的资格。

接着，任何缔约国要把本土上具有突出普遍价值的文化和自然遗产列出一个预备名单。在我国，这份预备名单由两个部门分别负责：建设部主管自然遗产申报，国家文物局主管文化遗产申报，由地方政府向这两个部门分别提出申请。"双遗产"的申报以建设部为主，会商国家文物局。现在建设部（住建部）主管的申遗工作已移交自然资源部。

第三，缔约国从预备名单中筛选要列入《世界遗产名录》的遗产。这道程序也可以理解为国内的初选阶段。每个缔约国一年只能申报一项世界遗产（如有两项，其中一项必须是自然遗产），而我国目前进入世界遗产预备清单的遗产地已有六十多处，要争得这一张入场券，难度可想而知。

第四，把填写好的提名表格寄给联合国教科文组织世界遗产中心，即向这个"秘书处"正式递交申报材料。一般规定的截止日期是每年的2月1日之前。

第五，联合国教科文组织世界遗产中心检查提名是否完全，即这个"秘书处"先行进行资料和格式上的"窗口审查"，通过的则分别送交世界自然保护联盟或国际古迹遗址理事会评审。如果提名材料不齐全，则打退票，宣布提名作废。杭州西湖文化景观在提名时就曾吃了这样一记"苦头"，以致耽搁了一年，我们将在后文详述。

接下来的第六道程序就进入实地考察和评估阶段，由专家到现场评估遗产的保护和管理情况。按照自然与文化遗产的标准，世界自然保护联盟和国际古迹遗址理事会对提名的遗址地进行评审。

第七，世界自然保护联盟和国际古迹遗址理事会提交评估报告。

第八，世界遗产委员会主席团的7名成员审查评估报告，并向委员会提交推荐名单。

第九，也是最后的阶段，由21名成员组成的世界遗产委员会最终决定入选、推迟入选或淘汰的名单。推迟入选意味着还要继续考察，而淘汰则是"GAME OVER"了，所以，在遗产大会举行期间的初评中，如果申报单位得知会面临"淘汰"的结果，一般都会主动提出撤回申请，以便还有机会"卷土重来",与"杭州西湖"同时申遗的"五大连池"就是在最后关头忍痛割爱,宣布撤回申请。

世界遗产在评审过程中特别强调两个原则,即真实性和完整性。在《实施世界遗产公约的操作指南》中对其有明确的规定。真实性和完整性原则既是衡量遗产价值的标尺,也是保护遗产所需依据的关键。

"真实性"的原则最先出现于《威尼斯宪章》,它的全称是《保护文物建筑及历史地段的国际宪章》,1964年5月31日,从事历史文物建筑工作的建筑师和技术员国际会议第二次会议在威尼斯通过该项决议。最初主要适用于欧洲文物古迹的保护与修复。1994年11月,世界遗产委员会在日本奈良举行了由45名专家参加的会议,决定在申遗过程中采用这一标准,因此也称《奈良真实性文件》。真实性包括,遗产的形式与设计、材料与实质、利用与作用、传统与技术、位置与环境、精神与感受等各个具体的方面,通俗地来说,就是遗产必须是真实地传承有序。这是申报世界遗产的最基本前提。

"完整性"原则意味着"未经触动的原始条件",主要用于评价自然遗产,如原始森林和野生生物区等,而对于文化遗产和文化景观来说,这条原则也意味着景观及周边一定空间范围内的环境内容不被随意增添和删减。

为了突出"真实性"和"完整性"原则,各国在申报世界遗产时往往会专门对此作出阐述和解释,唯其如此,方能通过专家们"十分挑剔"的眼光。

3. 世界遗产的分类及标准

世界遗产最初分为自然遗产、文化遗产、自然遗产与文化遗产混合体三大类。

自然遗产主要是指地质和生物结构的自然面貌、濒危动植物生态区、天然名胜等；文化遗产则包括文物、建筑群、遗址等，必须是"代表一种独特的艺术成就，一种创造性的天才杰作"，"能在一定时期内或世界某一文化区域内，对建筑艺术、纪念物艺术、规划或景观设计方面的发展产生过重大影响"等；而"自然与文化双遗产"顾名思义就是要两者兼顾，这当然是标准最高也是最难评的了。

文化遗产的评审主要由国际古迹遗址理事会负责。该理事会1965年成立于华沙，是联合国教科文组织认可的官方咨询机构。1980年4月21日通过了《世界遗产公约实施守则》，要求每件登录的遗产应该符合以下六个条件中的至少一项，我们称之为世界文化遗产的六条标准。这"六条标准"是：（1）是人类创造天才的代表作；（2）体现出在一段时间里或在世界的一个文化区内，人类在建筑技术、古迹艺术、城镇规划或景观设计的发展过程中的重要交流；（3）能为传衍至今的或者是已消逝的文明或文化传统提供独特的或至少是特殊的例证；（4）能够阐释人类历史重要阶段的某种建筑物类型、构筑物类型、技术展示手段或景观类型的杰出范例；（5）是人类传统定居、土地利用或海洋利用方式的杰出范例，它代表一种（或几种）文化或者人类与环境的相互作用，特别是当此典型范例因不可逆变化的冲击而变得脆弱时；（6）跟具有突出普遍意义的事件、活传统、观点、信仰、艺术作品或文学作品有直接或实质的联系（委员会认为本标准最好与其他标准一起使用）。

　　这段文字过于专业，看起来比较拗口，为了便于理解，我们将这"六条标准"归纳为创造价值、交流价值、见证价值、典范价值、环境价值和关联价值，唯有符合其中的至少一项（其中关联价值不得单独使用），才可以申报世界文化遗产。

　　而这"六条标准"其实还只是遗产价值标准的 A 款，此外还有一个附带性的 B 款。B 款的说明是："它在设计、材料、工艺和环境各方面的真实性都要经得起考查。真实性不仅仅关系到文物的初始的形式和结构，而且也关系到考查文物存在过程中有艺术和历史价值的后加的修改和增添。"——这也就是所谓的"真实性"和"完整性"原则了。

　　1992 年 12 月，在美国圣菲召开联合国教科文组织世界遗产委员会第 16 届会议时又提出了"文化景观"的概念，并将其纳入《世界遗产名录》中。"文化景观"从属于文化遗产，但在参评上又单独立项，这样，世界遗产事实上就有了自然遗产、文化遗产、自然与文化混合遗产及文化景观四大类。刚开始的时候，由于文化景观定得较迟、影响较小，规则也还不齐全，申报的单位不多，局外人更是知之甚少。

　　文化景观代表《保护世界文化和自然遗产公约》第一条所表述的"自然与人类的共同作品"。"文化景观的选择应基于它们自身的突出、普遍的价值，其明确划定的地理——文化区域的代表性及其体现此类区域的基本而具有独特文化因素的能力。"——这些文字在我们读来总觉得拗口和难以理解，同理，我们的话语讲到人家那里去，人家恐怕也觉得不好理解，这其中有语境和文化的不同的原因，而这也正是申遗的难点所在。

　　世界遗产委员会把文化景观的内涵具体分为三类：

第一，它是由人类有意设计和建筑的景观。包括出于美学原因建造的园林和公园景观，它们经常（但并不总是）与宗教或其他概念性建筑物或建筑群有联系。

第二，它是有机进化的景观。它产生于最初始的一种社会、经济、行政以及宗教需要，并通过与周围自然环境的相联系或相适应而发展到目前的形式。它又包括两种次类别：一是残遗物（化石）景观，代表一种过去某段时间已经完结的进化过程，不管是突发的或是渐进的。它们之所以具有突出、普遍价值，就在于显著特点依然体现在实物上。二是持续性景观，它在当地与传统生活方式相联系的社会中，保持一种积极的社会作用，而且其自身演变过程仍在进行之中，同时又展示了历史上其演变发展的物证。

第三，文化景观还需要有"关联性"。这类景观列入《世界遗产名录》，是以与自然因素、强烈的宗教、艺术或文化相联系为特征的，而不是以文化物证为特征。即它对某一历史时期乃至今天的地区文化或世界文化应该产生过关联性的积极影响，通俗地说，也就是它作为一种典范和模式，曾被借鉴和复制，具有一定的文化影响力。

4. "世界遗产"不搞"终身制"

被列入《世界遗产名录》的世界遗产，不仅仅是属于所在国的，也是属于全人类的。根据《保护世界文化和自然遗产公约》中的规定，世界遗产委员会的国际专家将通过实地监测等方式对遗产地保护状况提出肯定、鼓励或是提醒、警告等意见。若仍存在严重问题的世界遗产将被处以"黄

大羚羊保护区

牌警告"，列入《濒危世界遗产目录》；如果情况继续恶化，遗产委员会将对遗产地处以"红牌"，从《世界遗产名录》中除名。也就是说，"世界遗产"并不是一劳永逸的"终身制"，它既是一种荣誉，同时更是一种责任。

不过，自1972年公约生效后，这项规定直至2006年的34年里从未运用过，但是，到了2007年6月29日，世界遗产委员会在新西兰召开的第31届委员会大会上做出了一项空前的决定，将位于阿曼的珍稀羚羊的栖息地——阿拉伯大羚羊保护区从《世界遗产名录》中除名。这是《保护世界文化和自然遗产公约》自1972年生效以来，第一个被除名的遗产地。

这项空前的决定指出："世界遗产委员会对于缔约国（阿曼）未能依据《保护世界文化和自然遗产公约》的规定，履行遗产保护义务表示遗憾。"并列出了将"阿拉伯大羚羊保护区"从《世界遗产名录》中除名的两项理由：一、保护区面积缩减90%，严重损害遗产的突出普遍价值；二、受到偷猎和栖息地退化的原因，种群数量减少，1996年保护区内的阿拉伯大羚羊种群尚有450头，2007年却只剩下65头，其中只有4对具有繁殖能力，这些动物前途难测。

连只有4对阿拉伯大羚羊具有繁殖能力都列举出来了，可见这个组织的

易北河谷

调查和监测能力还真不是开玩笑的！

2009年6月，在西班牙塞维利亚召开的第33届世界遗产委员会大会又做出决定，将德国的风景胜地"德累斯顿易北河谷"从《世界遗产名录》中除名，原因是当地居民公投后坚持在河谷建设一座长635米、四车道宽的跨河大桥，此举破坏了河谷风景。

这就是世界遗产组织的认真态度。这也是"世界遗产"的称号之所以响亮的关键所在。

5. 世界遗产给中国带来什么

世界遗产是人类智慧的结晶，是我们共同拥有的精神财富和物质财富。认识遗产的过程其实也是一个认识自我、不断学习、走向文明的过程。可以说，申报世界遗产的过程给了国人重新审视我们自身的机会。在和世界的交流和比较中，我们重新发现了中国历史的厚重、文明的灿烂、文化和民族精神的生生不息。

目前中国的《世界遗产名录》中分三类，分别包括：万里长城、明清故宫（北京故宫、沈阳故宫）、敦煌莫高窟、秦始皇陵及兵马俑坑、平遥古城等文化遗产；九寨沟风景名胜区、黄龙风景名胜区、武陵源风景名胜区、中国南方喀斯特、中国丹霞、梵净山等自然遗产；泰山风景区、黄山风景区、峨眉山—乐山风景名胜区、武夷山等文化与自然双重遗产。"杭州西湖"属于文化遗产中的文化景观项目。与"杭州西湖"一样获评中国世界文化景观的还有三处：庐山风景区、五台山、红河元阳哈尼梯田景区。

回顾中国世界文化遗产的申报历程，不难看出从稚嫩走向成熟的前进脚步。

从1987年至1995年，中国的遗产申报工作并未非常系统地开展，对于刚刚加入《保护世界文化和自然遗产公约》的中

红河元阳哈尼梯田

国而言，我们仍然处在了解、熟悉其相关程序和世界遗产规则的过程当中，世界遗产也并没有为中国国内社会所熟识。

1998年5月25日，中国联合国教科文组织全国委员会、国家文物局和建设部在北京人民大会堂举行了隆重仪式，向1997年列入《世界遗产名录》的丽江古城、平遥古城和苏州古典园林等世界遗产所在地政府颁发世界遗产证书、"中国世界遗产"标牌，"世界遗产"标志开始在这些地方永久悬挂。这是我国政府第一次为世界遗产举行大规模的庆祝活动，世界遗产和世界遗产保护理念才逐渐为中国广大公众所认识。

从2003年开始，中国世界文化遗产申报连续15年获得成功，使中国成为世界遗产领域实行申报限额制以来，唯一文化遗产申报连续成功的国家。

那么，申遗究竟给中国带来了什么？

申遗，其实是一次文化软实力的较量。综观世界文明发展史，一个国家的话语权不仅与它的经济实力挂钩，更与它的文化影响力密不可分。

中国，正在世界遗产的舞台上发挥着越来越重要的作用：

1993年，中国加入国际古迹遗址理事会，成立了国际古迹遗址理事会中国国家委员会。

1996年，中国加入世界自然保护联盟，成为国家会员。

1999年10月，中国当选为世界自然与文化遗产委员会成员。

2003年10月，在《保护世界文化和自然遗产公约》缔约国第14届大会上，中国联合国教科文组织全国委员会主任章新胜代表中国当选为世界遗产委员会主席。

第28届世界遗产大会于2004年6月28日在中国江苏省的苏州市召开，

章新胜担任第 28 届世界遗产大会主席。

2021 年 7 月，首个在线的会议——第 44 届世界遗产大会在福州市成功举办，教育部副部长、中国联合国教科文组织全国委员会主任田学军担任第 44 届世界遗产大会主席。本届大会共审议了 36 项新遗产提名，其中 34 项获准列入《世界遗产名录》。其中，"泉州：宋元中国的世界海洋商贸中心"成为中国第 56 项世界遗产。

2023 年 9 月，"普洱景迈山古茶林文化景观"成功列入《世界遗产名录》，成为我国最新的一项世界遗产。

……

申遗，永远在行动，永远在路上。

穿越这条由遗产文明铺就的道路，中国就在你眼前。

而本书将为你讲述的是杭州西湖和它的申遗故事——

第三章

序曲：西湖综合保护工程

第三章　序曲：西湖综合保护工程

当年带队去巴黎的中国代表团副团长、国家文物局副局长童明康认为，西湖申遗的成功经验非常值得其他地方借鉴，因为西湖申遗过程体现的是保护原则，即把申遗过程当作保护过程，而且保护得非常成功，杭州西湖文化景观入选世界遗产是当之无愧的。西湖申遗成功，杭州当地政府发挥了关键性作用。杭州市从2001年起实施的西湖综合保护工程和2008年起开展的西湖文化景观整治工程为西湖申遗成功奠定了坚实的基础。

在杭州人的记忆中，西湖综合保护工程之前还有一场大规模的"拆违"作为开路先锋，所谓"拆违"就是清理、拆除各类违法建筑，包括西湖边的诸多违法建筑；而如果从申遗的最早时间节点来说，西湖申遗应上溯到1999年10月30日。当时的杭州市委、市政府决定西湖申报世界遗产，并将具体工作交由杭州市园林文物局负责落实。市园文局为此专门成立了西湖申报世界遗产工作领导小组，由时任市园文局局长刘颖任组长，由此正式拉开西湖申遗序幕。而真正"动"起来，正如童明康所说的，始于2001年起实施的西湖综合保护工程。

不妨从西湖的大事年表来看看那段时间的一些大动作：

2000年年初，雷峰塔遗址考古发掘开始；12月25日，雷峰塔重建工程正式开工。

2001年3月，西湖综合保护工程可行性研究成果接受评审。同月，杭州市委、市政府决定重建钱王祠。

2001年9月，杭州市委常委会专题研究"西湖西进"；同月，万松书院开工。

2002年2月20日，市委、市政府召开西湖环湖南线景区整合工程动员大会；6月25日，正式启动湖滨旅游商贸特色街区一期工程。

2002年9月19日，与杭州市园文局合署的杭州西湖风景名胜区管委会正式挂牌成立。同月，环湖南线工程顺利竣工，万松书院、钱王祠重建工程竣工。

2002年12月1日，历经两年半酝酿和规划的杨公堤景区建设工程正式启动，西湖综合保护工程全面实施。

......

2002年，西湖综合保护工程启动。11月28日，习近平考察杭州的第一站，就选在了西湖。

站在杨公堤新西湖景区建设工地现场，习近平仔细看着规划图纸。望着眼前一片水光潋滟的湖光山色，习近平看到的却是更辽远的未来。他对大家说，历史文化名城是杭州的"灵魂"，西湖是杭州的"生命线"。西湖综合保护工程是德政善举、得民心之举。

2005年，习近平考察杭州西湖博物馆建设情况，尤其关注主体建筑的设计。他在意的是：杭州西湖博物馆的建筑形式，要符合西湖特色，坚持"浓抹自然、淡妆建筑"的理念。

习近平还考察了西湖天地、新湖滨景区和梅家坞茶文化村等，多次表示，要支持西湖综合保护与环境整治工程。在习近平的关心和指导下，西湖综合保护工程共修复、重建180多处人文景点，逐渐恢复明代西湖的西部水域。同时，挖掘和还原许多西湖周边的历史文化景观，将西湖的园、亭、寺、塔与吴越文化、南宋文化、明清文化相结合，丰富了西湖风景区的历史文化内涵。[①]

随着工程的推进，西湖保护的立法工作不断得以加强，杭州市人大相继审议通过了《杭州西湖风景名胜区管理条例》《杭州市西湖水域保护管理条例》《杭州西湖风景名胜区景中村管理办法》等法规。

在西湖综合保护工程中，杭州市政协始终以极大的热情，关注着这一造福于民的工程。政协委员们相继提出了《关于西湖环湖南线景区整合工程的几点建议》《雷峰塔的重建应保持原有的风貌》《西湖西进要与水环境的生态治理相结合》《西湖西进要重视施工期环境保护》等许多提案；在丰富西湖南线景区文化内涵的工作中，政协发挥了智囊团的作用，为景点建设赋予丰厚的历史文化内涵；西湖西进工程开始前、北山路改造期间、净慈寺修缮时，市政协还多次组织召开座谈会，邀请园林、文物、考古、古建筑、地方志、旅游等各方面的专家就建设方案提出意见和建议；为了保护西湖历史文化和人文精神等非物质形态，杭州市政协牵头编写了介绍杭州历史和文化的系列书籍，对杭州的历史文化、西湖文化和人文精神的挖掘、梳理和传承、弘扬起到了重要的作用。

其时的上城区、西湖区等涉及西湖综保工程的城区也做了大量准备工

[①] 摘自《干在实处　勇立潮头——习近平浙江足迹》，浙江人民出版社、人民出版社，2022年，第226至228页。

作，积极支持和配合综保工程的开展。

从2002年开始，每年一次，逐年推出"新西湖"，直至西湖申遗成功的2011年。这10年是西湖有史以来修复工作量最大、最密集的时间段。

从某种意义上说，西湖综合保护工程可以看作是西湖"申遗"行动的前奏。事实上，西湖综合保护工程既是西湖申遗的必备条件，也是"申遗"理念的全面实践。所以，我们在回顾西湖"申遗"的历程时，将从那个火热的年代开始展开我们的叙述——

1. 南线记事

杭州市园文局接到一个硬任务：要在不到一年的时间里"打通"西湖南线景区，给南线景区一个焕然一新的面貌。

在相当长的一段时间里，西湖核心景区的旅游格局一直是北线热南线冷，北线景区人流如织，南线景区则游人零零落落。这种现象自然有其历史原因：南线一带虽然有湖滨公园、老年公园、柳浪闻莺、少儿公园、长桥公园等沿湖公园以及澄庐、学士桥等人文景观，但沿湖一侧机关用房、部队用房、宾馆、企事业单位用房、居民公房、单位宿舍以及乱搭乱建的违章建筑混杂在一起，环境脏乱差，而且各家单位、公园都用围墙、栅栏相互分隔，沿湖一线根本无法贯通。再加上"老年""少儿"这样的公园定位，除了本地市民进公园晨练之外，外地游客少有光顾。实施国庆长假之后，西湖景区游客分布不均的问题更显突出，"十一"黄金周期间，西湖北线各景点人满为患，而南线一带却是"门前冷落车马稀"，一到晚上更是漆黑一片，寥无人迹。

如何挖掘西湖南线景区的潜力,进一步扩大西湖旅游容量,缓解西湖北线各景点超负荷接待的局面,尽快改变西湖景区"南冷北热"的格局,摆上了杭州市委、市政府的议事日程。

2001年底召开的中共杭州市委八届八次全会上,市委作出了"充分利用西湖沿湖资源,对老年公园、柳浪闻莺公园、儿童公园、长桥公园四大公园进行彻底改造,并取消门票对外开放,以实现开放性、通透性和可进入性"的决策,要求在2002年国庆节前完成改造。

时任杭州市园林文物局局长的张建庭当仁不让地成了"西湖环湖南线景区整合工程"的负责人,而事实上这个工程揭开了西湖综合保护工程的序幕。

2001年9月的一个周末,三年前通过公务员公开招考进入市园文局机关的刘涛,正在计财处加班打一篇文稿。他发现自己随着那文稿内容激动了起来:那是一份给市领导的请示,文中详细陈述了整合西湖南线各个公园的意义,其中提出的"经营城市"这么一个新概念,让刘涛至今印象深刻。

2001年9月,雷峰塔、万松书院景区的恢复重建工程当时正在紧张进行之中,市园文局自加压力,向市委、市政府递交了这份关于对西湖南线景区各公园景点进行整合的请示。西湖环湖南线一带是西湖风景区中环境容量最大、历史沉淀最深厚、景点类型最完整的地区,请示提出通过拆除围墙栏杆、调整树木、加大绿化、引入水系、辟建河埠、建设滨湖游步道、配置夜景灯光等措施,打破传统的独立公园的组景概念,把沿湖公园连成一片,再引西湖水"南下、东伸",拓宽南线环湖绿地,把这一区域打造成品位高雅、特色鲜明、内涵丰富、设施一流、秩序井然的西湖南线新景区,并且免费对市民和中外游客开放，彻底改变西湖核心景区"南冷北热"的格局。

这份请示立刻引起市委主要领导的高度重视，不久，市委、市政府组建领导小组，并成立西湖南线整治指挥部，由副市长项勤任总指挥，由市园文局负责，全面启动西湖环湖南线景区整合工程。

2002年2月20日，市委、市政府在大华饭店召开了工程动员誓师大会，"战斗"正式打响了。就在这一天，市园文局正式聘请罗哲文、谢凝高、郭游、左小平、施奠东等五位重量级的专家为杭州西湖申报世界遗产工作顾问。

但是，要在不到一年的时间内完成，要在2002年的国庆节前开放，毕竟还是"压力山大"的。况且，这项工程恐怕也是新中国成立以来杭州市园文局承接的最浩大的工程了，而且它还是西湖综合保护工程的首个项目、破题工程，成败在此一举。园文局不敢有丝毫的懈怠，连夜就在曲院风荷召开中层干部会议，"排兵布阵"。没想到这么重要的会议，有人竟敢缺席。

缺席的是当时的文物处处长卓军，一名卓有建树的学者型官员，拿他自己的话说："当时比较关注自己从事的文物工作，对西湖综合保护工作还不是十分投入。"于是，就请处里的另一位同志"代会"了。由于刚开始思想上的不重视，他受到了严厉批评。

这件事给他留下了深刻的印象，从此以后，他开始全身心地投入西湖综合保护事业，主要负责景区文化内涵的挖掘和展陈策划、楹联匾额、导览标识等工作，历时十余年，呕心沥血，却也让他倍感自豪与欣慰。

班子搭了起来，园文局的同志给这个工作班子取了一个"战时"的名

第三章 序曲：西湖综合保护工程

字："南办"。"西湖环湖南线景区整合工程指挥部"的牌子一挂上，一大批工程管理者纷纷住进了指挥部，一时间"南办"热闹起来，成了一个集体大宿舍，大家吃在这里、睡在这里、工作在这里，灯火通明成了"大战"前最常见的景象。

首先要搬迁环湖南线的住家。由于历史原因，这一带住房的产权非常复杂，涉及方方面面。一共有390多户拆迁户，其中60多户归属部队。动迁小组成员早上9点开碰头会、下午4点半开完成情况汇报会，晚上10点还要到工地检查，12点以前一般都走不了。时间花得最多的是在现场走东串西，磨嘴皮。所有的工作都有翔实的例会记录，每天至少一份工作简报，整个工程下来发了300多期。好在西湖是大家的西湖，每一个杭州人对西湖的感情都在这一刻上升为一种责任，纷繁的住家搬迁工作经过各方的共同努力，总算没有拖工程的后腿。

在工程实施的过程中，既要本着方便市民和游人的原则，又要充实南线景区的文化内涵、提升景观美学效果，大家真是下足了功夫、用尽了心思。

柳浪闻莺公园以前没有水景观，在这次环湖南线景区整合工程中，建设者们将西湖水引了进来。由于地势等原因，单靠挖掘形成水系并不能实现长期引水，最后，决定在夏家

南线集贤亭整治现场

— 095 —

双投桥

花园设置一个十分隐蔽的水泵，才将西湖水引入公园，打造出一派水岸弯曲、缓坡草地入水的滨水美景。

　　双投桥位于西湖东南角，靠近南山路，东距雷峰塔约400米。根据文献记载，宋时，长桥确实是很长的一座桥，边上还建有亭阁，横亘湖面长达里许，十分壮观。据传，南宋孝宗淳熙年间（1174—1189），钱塘书生王宣教与教坊名姝陶师儿相恋，却碍于世俗阻挠无法遂愿，他们于中秋月夜在此双双投湖殉情，故又名"双投桥"。之后，湖面填塞，桥缩短为仅数丈，但"长桥"之名却一直流传下来。长桥上还发生过另一个浪漫爱情故事：相传梁山伯与祝英台在此桥十八相送，两人在桥上来来回回走了十八里路，所谓"长桥不长情谊长"，十八相送也就成了千古流传的爱情佳话。

　　其实，这座双投桥是在西湖环湖南线景区整合时建造的。关于这座桥的建造，中间还颇为曲折：

1995年，唐云艺术馆正在筹建，前期手续的办理碰到了难题。最初的设想是该馆部分挑出湖面，既让建筑本身成为西湖的景观，又能使游览者近距离地欣赏西湖。但由于当时媒体正在报道圣塘景区湖畔居建筑占用水面一事，审批部门不同意占用水面，并且要求建筑退回去，离湖岸线至少保持4米以上距离。

而到了南线整治时，打通西湖沿线成了主要任务，唐云艺术馆处于西湖最南面一角的岸边，面对正在重建的雷峰塔，这个位置是雷峰塔的最佳观赏点，一旦雷峰塔建成，这里就是游人集中之地。4米宽的游客通道显然已经不能适应新的需求，而另一边因为靠近马路，也根本没有设置游人通道的可能。于是，借用水面建步行桥的想法产生了。

当时拟建的水上步行桥，所处位置的空间虽不大，但很敏感，周边不但有唐云艺术馆，还有长桥公园、南山路，桥的位置对面、不远处就是汪庄、雷峰塔，是各方视角关注的焦点，所以桥的定位、体量、造型、线条乃至色彩、材料等都必须慎重把握。当时的电脑技术还无法像今天这样用特效呈现图像，一切都要靠手工设计绘制。而由于地形、地貌的原因，又不可能一次性地在设计图纸上准确描绘出样式，必须到现场考察分析、反复比选，甚至按实放样。有一次，"南办"的同志们下到湖里泡在水中，经过三四个小时的反复比选，最终才确定了建设方案，这就是今天大家看到的线型独特、桥形简洁的双投桥。

事后，园文局的同事们开玩笑戏称，这真是一座在水中构思、在水面漂浮的桥啊！它是西湖的精灵，水的精灵！

这座桥建成后，贯通了南线景区的重要景观，保证了市民游客的顺畅通行，其造型又与周边环境浑然一体，毫无违拗，赢得了一致好评。而在命名这座桥时，他们自然而然地想到了那些浪漫的西湖传说。因为记载中的长桥事实上早已踪迹难寻，这座水上步行桥建成后，就沿用了"双投桥"的旧名。现在，这里已经成了著名的网红打卡点，也是西湖南线的重要人文景观。

西湖不能随便动，这是上上下下的共识。所以，"南办"的一举一动，都要接受老百姓的评判，所有的细节都不敢掉以轻心：

——公园坐落在湖滨南端，背靠西湖，面朝解放路，边上又有南山路、延安路，不仅是西湖的主要"脸面"，也是整座杭州城的核心和敏感地段，公园内的一举一动，总是极易引起持续不断的争论。

——公园的路边原先立有一口时钟，因走时不准影响上班族工作。于是，在一片议论声中，时钟被拆除了，换上一座鲁迅的坐姿青铜雕像；没想到又有人提意见了，不忍心鲁迅在车水马龙之地，呼吸这大量的扬尘，于是，鲁迅雕像被迁去孤山了，一直到今天；后来，这里又竖起了"美人凤"雕塑，但因造型美观度不够，与西湖的整体环境不协调、不般配，又招来了非议。看来无论放什么都会有人议论。没办法，这个位置实在太显著，但又不能空着。

早在2002年南线工程启动前，"美人凤"的搬迁事宜其实就已列入了议事日程，但由于大家忙于修复历史景观、引水入园、种树建路等一摊子事，居然没有把这个"议事日程"提上来。快到9月份，整个南线景区要在10月1日开放，再不抓紧妥善解决就来不及了。

一个大胆的创意产生了。"南办"派人去郊县买了一块形态自然、不规整的大石头，高约3米，宽约2米，让专业人士集了清朝皇帝书写的"杭州西湖"四个字刻在石头上，落款就是"御笔"了。

接下来，他们又在石头的周边种植了一些花木，石头前做了一块硬铺装，以便于市民游客拍照留念，前后只用了十多天时间，居然效果很好！南线景区开放后，不但没人议论批评这块石头，相反，它倒成了市民游客聚集留影以示"到此一游"的必到之处。

有时候，最简单的，往往是最合理的；最自然的，也往往是最相宜的。

经过220天的辛苦努力，涉及沿线3.5千米，占西湖岸线总长度23%、整治面积50万平方米，占环湖陆地面积27%的南线整治工程终于完成了，恢复历史景观18处，沿湖景点连成了一片，形成了十里景观长廊。

随着2002年"十一"国庆节的临近，西湖环湖南线景区整合工程施工进入倒计时。经过近8个月全封闭的施工改造，到底变成了什么样子，广大市民对原来那几座熟悉得像自家后园一样的公园，充满了疑问和好奇，无

西湖南线一角

不想先睹为快。时不时地就有市民游客穿过施工围护，进入施工现场一探究竟。这当然给最后的施工带来一定的难度，但市民的热情也是对大家工作价值的最大肯定，所以在提醒安全事项之外，景区工作人员总是睁一眼闭一眼，满足了父老乡亲的这一份好奇。

他们第一眼看到的是——咦，西湖里突然多了好几处雕塑！

涌金门内的涌金池里，出现了一头隐身昂首张口吐水的"金牛"——晓得典故的就说，西湖自古就有"金牛湖"的别称。相传汉朝的时候，西湖曾发生过一件诡异的事情：有一头金牛从湖中央升了上来，劈波斩浪地冲出了水面。人们被如此怪异的现象吓坏了，甚至没人敢去看一眼，不知这头金牛最后去了哪里。郦道元的《水经注》记录了这件事情，并且给了西湖一个新的名字：金牛湖。因为有了这么一段故事，老百姓看这尊亚金铜

涌金池

的金牛雕塑也就越发觉得亲切。

"金牛"的旁边还有一个从湖中跃出、动态十足地正准备投叉的白铜"汉子",这自然是《水浒传》里的"浪里白条"张顺了。根据《水浒传》里的说法,张顺是征方腊时在涌金门外的水域中被乱箭射死的。对于这个故事,杭州人更是耳熟能详了,据说张顺后来被敕封为金华将军,杭州涌金门原先有金华将军庙,就是祭祀张顺的。这位"浪里白条"深受杭州人的喜欢,因为他的生活特性与杭州老百姓十分相似,柔中带刚,刚中带柔,与水为伴,以水为生。中国美院雕塑系教授刘杰勇、朱晨为西湖南线创作了这么一组雕塑,当即受到杭州市民的欢迎,大家急不可待地纷纷去与"金牛"和"张顺"合影。

尽管有了这满意的"第一眼",可南线的变化并不是一眼就能看尽的,大家还得稍加一些耐心,再等待一下,毕竟,正式开放要等到"十一"国庆那天。

9月30日下午,西湖环湖南线整治工程竣工典礼在南线罗马广场隆重举行,时任省委副书记、省长柴松岳宣布西湖南线景区全面开通。

9月30日晚,在南线景区"水南半隐"大草坪上,为庆祝西湖环湖南线整合工程竣工,举行了一场"梦想天堂"文艺晚会。"我们的家,住在天堂,碧绿的湖水荡漾着美丽的梦想……"由杭州本土歌手应豪创作、演唱的这首主题歌回荡在西湖上空,笑容绽放在每个人的脸上,梦想萦绕着每个人的心头。

张建庭坐在那里,心里百感交感。就在此前稍早的9月19日,杭州市委、市政府为了理顺管理体制,正式宣布设立杭州西湖风景名胜区管理委员会,与杭州市园林文物局合署,他这位园文局局长又兼了西湖风景名胜区管理委员会主任。双职一肩挑,市委主要领导已经给他交过底:西湖综合保护工程也将于年底全面实施,他这位"前敌总指挥"和他手下这支拥有"两个番号"的队伍,作为西湖综合保护工程的主力军,可谓是压力不小呀!

晚会刚刚结束,观看演出的市民渐渐散去,热闹的南山路安静了下来。就在这时,十几支突击队几百号人马,从西湖景区各个方向往南山路沿线集结,他们是根据"南办"的统一安排,前来执行南线景区施工围护拆除任务的。一边在拆围栏,另一边全市环卫系统的300多名机关干部,近30台扫地车、洒水车、冲洗车,已经在学士公园对面的南山路边集结,准备对南线景区及南山路进行突击清扫。等到各路人马向设在柳浪闻莺公园大门口的现场突击指挥部报告各项任务全部完成时,时钟已经指向10月1日的凌晨3点。

从2002年3月正式开工,到9月底竣工,仅仅用了220天的时间,广大建设者们在工程建设中表现出来的速度、效率和品质,后来在杭州园文系统里被称为"南线精神",也正是这种精益求精的"南线精神",让西湖彻底动了起来。

2002年10月1日清晨,游步道上已经人来人往,煞是热闹。这是西湖环湖南线景区整合工程竣工开放的第一天,媒体早已把预告消息发布出去,但没想到杭州市民的热情会这么高,一大早就已经有这么多人来揭开西湖新南线的面纱了。

沿着新铺的游步道,石桥边有几个大妈在用杭州话大声说笑,其中一个嗓门特别大,兴奋地说:"共产党真当好啊!市政府花了介许多钞票,把西湖改造得介漂亮,还不收门票免费开放,我们杭州人真当是有福气啊!"

根据 2002 年 10 月 8 日媒体公布的数据：当年的国庆节 7 天，也就是西湖南线整合后的第一个黄金周，南线景区共接待市民游客 128.94 万人次，平均每天近 15 万人次！

数字是可以说话的，南线整合任务圆满完成！

2. 雷峰塔和杨公堤的"复活"

2002 年 10 月 25 日，刚刚过完南线整合后的第一个国庆黄金周，很多人又被一条新闻吸引了眼球：已经倒塌了 78 年的千年古塔雷峰塔重建工程竣工并对外开放，"西湖十景"中残缺了半个多世纪的"雷峰夕照"景观终于又将重现西子湖畔！

著名的雷峰塔坐落于杭州西湖南岸夕照山上，始建于公元 972 年。吴越国王钱俶为奉安佛螺髻发舍利，并庆贺宠妃黄氏得子，遂在净慈寺前建黄妃塔。因此地旧有雷姓人家居住，故名"雷峰"。老百姓口口相传，还是把黄妃塔叫成了雷峰塔。

"南朝四百八十寺，多少楼台烟雨中"，杭州素称"东南佛国"，佛教文化是西湖文化的重要组成部分。五代两宋，南屏山今净慈寺一带佛寺林立，梵音响彻，当时号称"佛国山"，"雷峰夕照"与"南屏晚钟"表现的都是充满禅意的空灵美感。"雷峰夕照"尤以因晚霞镀塔，佛光普照而闻名，此景在元、明两代甚至被人们视作西湖景致的最集中表现。

然而，老的雷峰塔命运多舛，明嘉靖年间被倭寇纵火焚烧，灾后古塔仅剩砖砌塔身，通体赤红，一派苍凉、凝重风貌，于是就有了"雷峰如老衲"的形象。历经战乱，年久失修，再加上当时民间流传塔砖能辟邪祈子，市民纷纷前往盗挖塔砖，后因有人发现砖中藏有佛教经卷，错把"经卷"当"金砖"，更使盗砖日盛。1924年9月25日，这座年近千岁的古塔终于轰然倒塌。

雷峰塔的久负盛名，还因为它与中国著名的民间传说《白蛇传》和鲁迅的两篇杂文直接相关。尽管鲁迅对雷峰塔的倒掉是欢欣鼓舞的，但那是先生在那个时代表达的别样深意，而对于一般的杭州人来说，雷峰塔的倒掉终究是他们心中永远的痛，所以，社会上一直就没有停息过重建的呼声。民国二十四年（1935），著名建筑学家梁思成就曾提出重建雷峰塔构思，并说明宜恢复原状，限于当时国力的限制，大师的设想最后只是一纸空文。

雷峰塔是西湖上的一座名塔，20世纪70年代末，著名园林专家、上海同济大学的陈从周教授著文呼吁"西湖上的雷峰塔起到引景的作用，要重建雷峰塔"。杭州市人大、市政协及社会上的有识之士，也在不同场合呼吁重建雷峰塔。20世纪80年代初，国务院在"杭州城市规划"的批复中，就有重建雷峰塔的。1984年创刊的《风景园林》杂志上，有不少关于重建雷峰塔和论述雷峰塔的文章。省、市人民代表、政协委员，也相继提出关于重建雷峰塔的提案。但是由于雷峰塔所处位置的敏感性，有关部门考虑到安全保卫工作，雷峰塔重建之事搁置许久。

1999年3月，张德江同志来杭州调研时，将杭州定位为"建经济强市，创文化名城"的都市。是年，有位中央主要领导同志来浙江调研考察时，省、市领导在汇报中，提及要恢复西湖上的一些名胜古迹、人文景观，来提高西湖店历史文化品位。特别是谈到要重建雷峰塔时，这位中央主要领导同志以很自然的口气说了一句：很好，这是恢复西湖历史上的名胜古迹。

有了中央主要领导同志的首肯，省、市领导对重建雷峰塔的事，再次提到议事日程上来。省里专门成立了雷峰塔的筹建小组，时任省委秘书长的王国平同志任组长，以协调方方面面的工作和推进雷峰塔的重建。1999年10月23日的《浙江青年报》率先发表了张丽萍《倒掉的雷峰塔重新站起来》的文章。文中提到是年召开的"西湖文化研讨会"上，旅游专家冷晓先生专门著文呼吁重建雷峰塔，"雷峰夕照"是"景眼"，其气宇神韵可帅西湖山水。同时，杭州市政协再次召集有关人员重访、踏勘雷峰塔遗址。

进入20世纪末，重建雷峰塔的呼声最终形成了社会各界的共识。1999年7月，浙江省委、省政府作出了重建雷峰塔的决定，省市合力，于2000年12月26日正式开工重建工程。

原址建造，在保护好遗址的基础上新建雷峰塔；原样原大，尊重历史原貌，恢复宋塔的形制，当时的说法叫"专家叫好，百姓叫座"。从第一次专家论证会到正式建成开放，雷峰塔的新塔建设足足用了四年半时间，其中施工建设只花了一年零三个月，设计和论证却费了两年多时间，其间，重建方案还在湖畔居公示，以征求广大市民的意见。在前期施工中，雷峰塔地宫又被发现，随后，考古工作者对地宫进行发掘，共出土文物59件，其中最引人注目的是一尊藏有佛螺髻发舍利的金涂塔。整个地宫的考古发掘在电视上公开直播，吸引了海内外的无数目光，在社会上造成巨大影响。

在原址上重建的雷峰塔终于"复活"了。杭州市政府在发掘地宫、保护塔基古迹的前提下，按宋代形制重建了新雷峰塔。新塔建筑形式为须弥座石台基、塔身五层八角砖身平座阁楼式，塔基即为用钢架结构支撑并由玻璃天棚覆盖的古塔遗址保护罩。复建的七级重檐雷峰塔又耸立在了夕照山上，依山傍湖，蔚为大观，风格与南宋画家李嵩《西湖图》中的雷峰塔堪称神似。

2002年10月25日，浙江省政府和杭州市政府联合为新雷峰塔举行了竣工庆典和揭匾仪式，时任浙江省委书记张德江，时任浙江省委副书记、代省长习近平为新塔揭匾，中国首座彩色铜雕宝塔重现西子湖畔。

雷峰塔将复原文物建筑和遗址保护很好地结合了起来，创下中国古塔遗迹原地保护的全国第一，成为国内此类文物景观建设的第一个成功范例，得到国内外学术界的广泛好评，也为后来的西湖申遗加了分："西湖十景"终臻完璧，成就了西湖文化景观遗产的真实性和完整性。

对于刚刚目睹了西湖南线改造新貌的杭州人来说，雷峰塔的重现不仅圆了他们半个多世纪的梦，更是从中读到了一个重要信息：西湖保护将有

雷峰塔

第三章 序曲：西湖综合保护工程

大动作了！

果不其然，2002年11月1日的《杭州日报》头版头条就以《保护西湖 申报"世遗"》为题刊出了市委、市政府召开西湖综合保护工程研讨会，邀请省市有关专家学者，围绕保护西湖、申报"世界文化遗产"主题，共同商讨西湖综合保护工程的报道。

在研讨会上，市委书记王国平动情地把西湖比作了"杭州的根与魂"。他说，在历届市委、市政府打下的坚实基础上，在全市人民的共同努力下，保护西湖面临着千载难逢的机遇。要本着对历史负责、对子孙后代负责的态度，使西湖流传后世、永续利用。

"建新城、开新路、盖新房，是政绩，保护西湖同样是政绩，甚至是最大的政绩、真正的政绩、最经得起历史检验的政绩。"

保护西湖，申报"世遗"，成为大家的共识，各项保护举措与行动更是让人欢欣鼓舞：继雷峰塔"复活"之后，杨公堤也"复活"了！

若是时光倒回二三十年，20世纪来游西湖，你若向杭州人打听"杨公堤"，大概没有几个人知道，因为那个时候，这条堤已经改叫"西山路"了，非常冷僻。

但是，历史上它确实叫"杨公堤"，而且是一条堪与苏堤媲美、对西湖意义极大的长堤。它的得名来自于明代对西湖有再造之功的杭州知府杨孟瑛。

唐、宋时，白居易、苏东坡等人对西湖不遗余力地进行疏浚，但到了元代，官府竟然视西湖为祸国尤物，90余年中除留下一批石刻造像外，对湖山园林几乎无所建树，任其荒废。在这段"废而不治"的时期，苏堤以西的湖面，葑草蔓生，地方上的巨富豪绅乘机大肆侵占湖面，他们或将西湖水域开垦为农田，或造亭台馆舍辟为私家庭园，或种植菱藕。美丽的西湖，失去了潋滟的风光，几乎濒于湮没。

到了明朝宣德、正统年间（1426—1449），有人倡议疏浚西湖，但终因豪族势力利益集团的百般阻挠，未能实施。直至弘治十五年（1502），杨孟瑛任杭州知府，任期内终于拉开了杭州历史上最大规模的一次西湖疏浚。

在西湖或存或废、何去何从的关键时刻，上天垂青西湖、眷顾杭州，让这位扭转乾坤的人物出现了！西湖自从南宋咸淳年间（1265—1274）疏浚以后，一直到这次疏浚，时间跨度已经长达230余年！

杨孟瑛是四川人，跟苏东坡算是老乡。苏东坡知杭时，西湖淤塞十之有四，而杨孟瑛的任务则更艰巨，当时西湖被占已达十之八九！而且，杨孟瑛浚湖比白居易、苏东坡时困难得多：白居易治湖，根本不必奏请朝廷批准；苏东坡总还得上个疏奏请示报告一下；而杨孟瑛要进行这项重大工程，必须先得要驻杭的同城御史车梁、金事高江的同意，然后再共同署名奏报朝廷。杨孟瑛对疏浚西湖提出了五大理由，甚至跟防御倭寇的国防事业都拉上了关系，总算有说服力了，饶是这样，从上书到获准立项开工，还是花了五年时间！

浚湖的最大阻力还是来自既得利益的富豪阶层。有了朝廷的批准谕旨，杨孟瑛胆气壮了不少。为了防止富豪刁民寻衅滋事，杨孟瑛特意发布一则安民告示，并且豪迈地表示："天下事未有不任怨而能立功者，况是非久当自定，苟利吾民，吾何恤哉！"

明正德元年（1506）二月二日，历史上规模最大的一次西湖疏浚终于开工了，工程至九月十日完工，其间因暑热而有停工，实际历时180多天，计约 670 万工日，拆毁田荡 3400 多亩，耗银 2.3 万多两，使西湖恢复了唐宋旧观。

杨孟瑛也效仿白、苏前贤，以浚湖淤泥堆筑起一条六里长堤，位于苏堤西侧并大致与之平行，从栖霞岭起，绕丁家山直到南山，后人称"杨公堤"。杨公堤上也建有六桥，与苏堤六桥合称"西湖十二桥"。

杨孟瑛浚湖本是一件利民的好事，可是侵犯了豪强的利益，仅仅一个月后，杨孟瑛便被弹劾，说他耗费官帑，浚湖无功。次年，他被贬官，黯然离开了杭州。明朝廷对杨孟瑛是极其不公平的，而官方的修志者对他也同样不公，叙述历代治湖，只提白、苏，而对杨孟瑛则一笔抹杀。直到清代傅王露修纂《西湖志纂》，才为他说了一句公道话："有明开浚之功，以孟瑛为最。"

由于西湖淤浅，杨公堤西面已是农桑之地，行游者十分稀少，终至废去。新中国成立后，这条杨公堤已经很少有人提及，它的名称也改叫了西山路。

2002 年 12 月 1 日，环湖南线整治工程刚刚结束两个月，历经两年半酝酿和规划的杨公堤景区建设工程又正式启动。当时，这个项目还有一个专门的叫法，称作"西湖西进"——因为杨公堤是在西湖以西。

比起环湖南线景区整合工程，"西湖西进"更具挑战：用地范围更广、难度更大、更复杂，而且，同样也是时间紧、要求高。

恢复杨公堤景区，首先是要恢复它的湖面。据史料记载，西湖面积在隋唐时期约 10.8 平方千米，至宋代为 9.3 平方千米，到了明清时期减至 7.4 平方千米，而在"西湖西进"工程前，它仅有 5.68 平方千米！在过去的一千多年里，西湖虽然经过了 20 多次不同规模的疏浚与治理，但因自然淤

杨公堤

塞及人为填埋，水域面积还是变得越来越小。

"西湖西进"既是人进，也是湖进。要恢复水域，就得开挖水面；而要开挖水面，却又困难重重。一是大量的土地被沿湖的疗养院、宾馆、饭店占据，涉及的主体非常复杂，拆掉或搬迁都不太现实；二是许多树木都已经成林、成景，特别是有些树年份较长，不可能迁移，更不可能砍掉。这就决定了水域恢复不可能想挖多大就挖多大。

杭州市园林文物局决定先"革自己的命"。

2002年12月1日，在浙江省人民大会堂举行西湖环湖南线竣工庆祝会暨西湖综合保护工程启动仪式。会议一结束，大批记者赶到西山路15号灵隐管理处的办公楼前。在那里，灵隐管理处的牌子被摘了下来，几十名工人开始挥镐扬锤，动手拆除管理处大楼的房瓦。

这座办公楼建于1995年，主楼面积有2000余平方米，附楼1000多平方米，算是当时园文局最好的办公楼，为了"西湖西进"，首当其冲地被拆掉了！当时的园文局同志尤其是灵隐管理处的同志的心情真是十分复杂，有万般的不舍，但怎么办呢？有句口号叫"舍小家，为大家"，为了整个西湖综合保护工程，必须忍痛割爱。

当时还有一个原则，就是在景区自己的土地上，开挖水面要"能大则大、尽量挖大"。花港公园与杨公堤交接的区块，最初开挖的效果不明显，经过一而再再而三地反复督察、督办，甚至是下了死命令，总算得以顺利完成。而附近的土地产权单位，在千百次不厌其烦地上门做工作后，也终于表现出最大的理解和支持，像陆军杭州疗养院、空军杭州疗养院、刘庄（西湖国宾馆）、花港饭店、绿城集团、金溪山庄和茅家埠、双峰村、金沙港村等都服从规划，积极配合工程的实施。

就这样，在搬迁了住户933家、单位125家、拆除建筑27.67万平方米后，一个规划范围达4.7平方千米、挖土外运土方达180万吨的浩大工程终于在300天的时间里完成了。西湖水面扩大了0.9平方千米，达到6.5平方千米。恢复了金沙港、茅家埠、乌龟潭、浴鹄湾等四大景区，保护整理了于谦祠墓、黄篾楼水轩、红栎山庄、武状元坊等36处历史文化景观。

朱志斌是1997年大学毕业来到杭州园林设计院工作的，时任杭州园林设计院有限公司的高级工程师。他说："当时有一种西湖牌香烟，烟盒的一面印着三潭印月石塔，另一面是宝石山保俶塔。虽然只是两帧小小的装饰画，却勾起了我对西湖的无尽向往。"

这位农村少年怎么也想不到，二十年后，他将走遍西湖的山山水水，亲历和见证"西湖西进"的大场面。

在这次的"西湖西进"中，他的主要任务是茅家埠翁家桥农居点的规划设计。新农居点就选在茅家埠小学旁边的山坡上，安置从下茅家埠拆迁来的农户。这片山坡长满了松树、香樟和麻栎，大树已经在这片土地上生长了几十年，本身就是优秀的生态景观资源。朱志斌在规划设计时尽可能地避开了这些大树，少迁移，多保留。同时，在布局上因地制宜，依山就势，灵活多变。考虑到新农居点位于西湖景区内，他决定采用杭州山地民居的坡顶风格，粉墙黛瓦，一门一户，错落地掩映在树林中。这些新农居点后来大多开出了"农家乐"，杭州城里人去看了后，直呼："茅家埠的农民福气真好！"

如果说杨孟瑛面临的最大问题是西湖淤塞和水质变坏，那么，"西湖西进"要解决的一个重大问题仍是改善水质。"问渠那得清如许，为有源头活水来"——朱老夫子这首诗似乎是打开了一把关键的锁。引水！将钱塘江的水引入西湖，只有这样，才能让西湖的水保持流动，变成一泓活水。在引水过程中，钱塘江水经两家水厂的达标处理后，再通过6个水口进入西湖。每年的引水量为1.2万立方米，西湖水相当于一月一换了，透明度也由原来的不足60厘米提升到85厘米。

对于湖西水域来说，由于相距主湖区较远，要保持良好水质，除了引水之外，水生植物的净化作用也十分重要。园文局的同志们根据水体深浅和地形地貌，构建出了丰富的水生植物群落：在岸边种植芦苇、荻、芒之类的禾本科植物，营造出一种"蒹葭苍苍"的意境；在较浅的地方栽植荷花、海寿花、菖蒲、再力花等挺水、浮水、漂浮类植物，仿佛屈原笔下的"香草美人"，增加水景观效果；在离岸较远或水体较深的地方，则选择苦草、黑藻、金鱼藻等沉水植物，以达到净化水质的作用。

沿湖的污水排放问题也是必须解决的，通过关闭或搬迁生产企业、铺设环西湖污水管道、加强日常督查、严格实行西湖水域管理等一系列举措，最大限度地保证了新恢复水体的纯净。西湖的水质得到了中外游客的普遍赞扬，湖西有水下森林一度还成为新闻热点，一些湖泊景区也慕名前来考察、学习。

在恢复原有空间格局，修复和保留原有建筑、设施的基础上，西湖风景名胜区管委会决定不再搞整齐排列的花卉种植，而是将树木花卉的种植改为将植物种子自然、随意地撒落在土壤里。

其实，西湖边那些茂密的林木，有多少是人工栽种？又有多少是自然繁殖的？鸟儿们飞来，叼来了种子，随意撒落，就这么长得浑然天成，所以，西湖这么美，一半是天工，一半是人力，它是人与大自然合力的结晶。当今时代的审美趣味和休闲旅游都崇尚自然野趣，以形成一种有色、有香、

西湖水生植物

有形、有景的效果。

对于新恢复水面的驳坎，摒弃了以往经常采用的块石驳坎、水泥勾缝的办法，而是将湖岸边的草坪自然延伸到水里，遇到土壤松散处，就用打木桩的方式护岸。这样，既有利于植物的生长和水质的改善，也有利于形成良好的生态系统，并且营造出一种富于自然野趣和流动蕴藉的景观效果。这种方式后来被许多的湖泊、湿地和溪流景区借鉴和模仿，成了一种景观设计的新主流。

300年前的"杨公堤"复活了！不仅复活，还焕发出了新的生机。"西山路"成了历史名词，除了老杭州人，现在都不太有人知道这个名称了；而新西湖、杨公堤成了新杭州人的骄傲，现在的杭州人颇有些"最好湖西行不足"呢！

今天的杨公堤，远处有水鸟轻掠湖面，有芦苇摇曳湿地，有风荷染绿秋水，有村郭掩映弱柳，近处有红亭翼然、木舍卓立，更兼人文荟萃，足以让人访古寻幽，已经成为西湖山水格局中的一处典范。

晚上驱车行经杨公堤，只见堤上灯火影影绰绰，水边倒影剔透玲珑。烟柳中，楼台亭榭流光溢彩，就连那座座拱桥，也以光为眼、以色为波，轻轻荡漾出美得要死的风情。"穿池构山，曲水流觞"，硬是让银河泻入杨公堤，制造出一个梦幻般的静谧世界，仿佛那些灯光都是经过的小仙子和精灵们手提的灯笼，让人恨不得追着灯光像梦游仙境的爱丽丝一样穿梭进水杉丛林中去。坐在车里，一切显得更静，只有景是流动的，心却被撩拨得如同拨儿锵儿都在里面齐响。

女作家钟赟说："比起西山路和旧西湖，杨公堤和新西湖多了种风流倜傥的大气开放。之前旧的婉约窈窕的稍稍欠了些变数和铺展，想想他手中似有把流金折扇，一开一合，恍惚间便挥洒出一个新天地。"

这把"扇子"已经在杭州人的心目中打开了。

3. 西湖的"门厅"大变样了

湖滨路在西湖的东岸，南起解放路与南山路相交，沿着西湖东侧往北与圣塘路相接。原来是杭州城濒西湖的西城墙，因为与西湖靠得很近，所以得名湖滨路。清顺治二年（1645），清兵在此筑造兵营，所以老底子杭州人把湖滨一带称为旗营、旗下营或是旗下。

民国元年（1912）开始拆除城墙，次年拆除旗营，钱塘门和西城墙也拆掉了，建成最初碎石路面的湖滨路。从那时起，市区就与西湖连在了一起，之后就陆续建了一至六公园，这也是杭州最早的公园。当时，在一公园内还建有公众体育场和电影院，东侧一带建有西湖饭店、沧州饭店和环湖旅馆、新泰旅馆等，这些西式建筑在早年的杭州可谓是开了现代旅馆业之先河。

杭州的现代马路也是从湖滨路起步的。当时，浙江军政府民政司工程事务所在市区城站、旗下营（今湖滨一带）拓建了少许马路。有些北方人以养马出租为业，供豪绅子弟沿湖乘骑；还有本地人开设了20多家轿行，有黑色小轿和藤桥200余顶，专供富有的游客浏览湖光山色所用；此外还有400余辆人力黄包车，在大街小巷拉载顾客。辛亥革命后，旗营被拆、旗人星散，一部分衣食无靠而又无一技之长的旗人往往选择拉黄包车，杭州人习惯于称旗人为"鞑子"，所以，就将这些沦落为黄包车夫的旗人称为"鞑二哥"，后来讹传为"踏二哥"。这样，骑马、乘轿、坐黄包车或者步行，就构成了20世纪初的游湖风景。

民国五年（1916），孙中山先生来杭州，他在浙江省都督兼省长吕公望召开的欢迎大会上，作了题为《道路为建设着手的第一开端》的演讲，勉励浙江努力修筑道路。在此讲话推动下，民国九年（1920），浙江省议会议决修杭州环湖道路，共长7791米，路面宽30尺（9.60米），左右人行道各宽5尺（1.60米），于民国十一年（1922）建成。杭州的第一辆公交车就是在这里上路的。

民国十八年（1929），为庆祝北伐胜利，纪念统一、奖励实业、振兴文化，杭州举办了中国会展史上规模大且影响深远的现代博览会——西湖博览会，设有八馆二所，地点在孤山、里西湖和岳庙一带，还有游乐场所，如大礼堂京剧、国术比赛、跳舞厅、跑驴场、迷魂阵等，盛况空前。从当年6月6日开幕，到10月20日闭幕，前后历时137天，参观、游览人数总计达到2000余万。湖滨路也在这时改为沥青路面。作为西湖的"门厅"，是这2000多万游客必经之地，它也上了各种画报、明信片，一时风光无限。

经营公交业务的永华汽车公司于民国二十一年（1932）出资灌浇新市场至灵隐的柏油马路，并建立公交站亭，沿路设陈列馆、六公园、圣塘路、昭庆寺、断桥、平湖秋月、西泠桥及里西湖的保俶塔、岳坟、玉泉等站点。永华公司在经营公交业务的同时，还兼营出租小客车业务，所以，它又是杭州最早的出租车出现的地方。

这么一条满载西湖光荣的道路，毕竟已经走过了大半个世纪，在"西湖西进"的同时，新湖滨综合整治工程也于2003年打响了。

新湖滨综合整治工程当然不仅仅是一条湖滨路了，其范围南起湖滨一公园，北到断桥，东侧以湖滨路、环城西路为界，涉及西湖岸线约1.5千

湖滨一角

米,总面积 12 万平方米。

当时的圣塘路以东大多是省直单位的办公及活动场所,还有外文书店及一些餐饮场所,需要在短时间内全部外迁拆除,连西湖风景名胜管委会(杭州市园文局)的那幢四层办公大楼也在拆迁范围之内,有人开玩笑说:"这叫大水冲了龙王庙。"但"龙王庙"该冲还得冲,当时市委、市政府的口号叫"还湖于民""还绿于民",这个工程就是要对这条历史悠久的湖滨路来一番大的改造和提升,将湖滨路半条路幅并入湖滨公园,剩下的半幅建成步行街,然后在区域内进行园林绿化与设施的调整与优化,新建湖滨音乐喷泉、新建地下停车库、新增文化设施……总之,要让这西湖的"门厅"焕然一新,让湖滨路融入西湖,浑然一体。

负责这项工程的是时任杭州西湖风景名胜区管委会(杭州市园林文物局)副主任(副局长)朱坚平。此外,名胜区管委会还抽调了环湖绿地动迁建设处主任高福泉和名胜区管委会规划建设局局长尚建民进入项目办负责具体的项目实施。

时间到了 2003 年 3 月底,可工程进展还是太过缓慢,市领导在工程例会上提出了严厉的批评。这一下，朱坚平才感到肩上的挑子真正压了下来。会议一结束，他就去了施工现场。深入了解后，发现确实存在许多不确定因素，影响了工程进度。朱坚平再也不敢怠慢，当天就住进了工地，开始进入"连轴转"的状态。

那时候，流行两个词，叫作"白加黑""5＋2"，意思就是白天、黑夜接着干，5天工作日加2天双休日也都得干。那真是一个热火朝天的时期！据说，西湖综合保护工程也是这么办的。

"那段时间，所有人的手机都是24小时开机，半夜被电话叫醒是常有的事，但没有人有怨言，因为所有人的心里都有一个信念，那就是按期保质地完成工程。"他回忆说。

新湖滨景区工程在全力推进的时候，又遇到了区域内三个工程正同步实施、作业面相互干扰的问题。当时，杭州市各项建设纷纷上马，全面开花，有人甚至开玩笑说，杭州城就像一个大工地。一旦协调不到位，必然影响各方的施工进度。

大家为了同一个目标，想到了一块儿。于是，一个联席会议机制很快就形成了，每次协调都具体明确到某个作业面几号几点交付给哪一方，并形成会议纪要，各自遵照执行。

尽管如此，因其他工程的施工问题，还是数次推迟了交付恢复公园绿地作业面的时间。在最后的5天时间里，新湖滨景区工程的建设者们日夜赶工，硬是将一片平地恢复成公园。

新湖滨景区的风格定位是城市公园与自然山水园林的过渡，它位于西湖风景区内，又是繁华城区和西湖景区衔接的区块，需要更多地体现城市需求。而且，这一带还有很多的历史遗存，所以，在细节上绝不敢有丝

第三章 序曲：西湖综合保护工程

毫的马虎。项目办决定在抓进度的同时，狠抠细节，以期按时保质完成任务。

位于湖滨路、学士路口附近湖滨四公园的淞沪抗战纪念碑又称"一·二八陆军第八十八师淞沪战役阵亡将士纪念塔"，是为了纪念驻浙八十八师入沪参加淞沪抗战而树立的。纪念碑始建于1934年，是由杭州画家周天初等发起筹款，著名雕塑家刘开渠亲手创作的。1937年12月24日，日军入侵杭州，这座纪念塔被推倒抛入西湖。一直到抗战胜利，才得以重见天日。人们从西湖里打捞起纪念塔的各个部分，仔细洗尽淤泥，重新安放在原址。但由于众所周知的历史原因，该纪念碑于20世纪60年代又一次被拆毁，2003年结合湖滨新景区建设决定恢复这座纪念碑。这曾经是中国第一座表现抗日战争的纪念碑，而且原作又是刘开渠大师的作品，新作无论如何都要在记忆与传承上对得起历史、对得起杭州人民的厚望。经过反复的设计、比较，最后决定由中国美术学院沈文强教授担纲重塑。沈教授根据档案资料，较好地复原了当年刘开渠大师的作品风范。这座新的纪念碑分上、下两部分，上部为两个立像，

淞沪抗战纪念碑

白乐天辞行杭州

军官手握望远镜，右手指向东方，士兵手握步枪作冲锋状；下部的底座四边则为四块浮雕《纪念》《抵抗》《冲锋》《继续杀敌》，表现了爱国将士英勇抗敌和人民对殉难者哀悼的情景。雕塑再现后，受到了老杭州们的交口称赞。

而六公园的白乐天辞行杭州的雕塑则是新湖滨的新景点了。据史书记载，唐穆宗长庆四年（824）五月，白居易三年杭州刺史任满，迁任太子左庶子，分司东都，要返回洛阳。他带着对杭州的依恋与惜别的惆怅，去西湖边朝游夜游。离杭前夕，白居易写下一首《西湖留别》表达了自己恋恋不舍的心情："征途行色惨风烟，祖帐离声咽管弦。翠黛不须留五马，皇恩只许住三年。"在诗的最后，更是凝聚了他迸发出来的离情："处处回头尽堪恋，就中难别是湖边！"而他启程那天，杭州的老百姓也扶老携幼，夹道相送。有些头发雪白的长者拦住他的车子，牵住他的马缰，不让他走；有的设饯相送，向他举杯敬酒，为他祝福；也有的不忍分离，为他洒下了惜别的泪水。这感人的场景、动人的送别场面被一组雕塑表现得淋漓尽致。在白居易感到"最难别"的湖边，竖起这么一组雕塑，确实寄托了杭州人民对这位"老市长"的最好怀念。

三公园的音乐喷泉也是后来的西湖游客必去的打卡之地,为了这处新增的景点,项目办在全国范围内广泛比选招标,挑选了当时国内技术最先进的公司设计施工,对音乐水型编程的工程师也提出了音乐鉴赏和艺术修养方面的高要求。

湖滨景区沿线公园有许多木制长椅,以方便游人休憩观赏。在娱乐休闲场所不多的20世纪七八十年代,这些园椅曾是青年男女谈恋爱的"圣地",一到晚上,每张椅子上都坐着喁喁私语的恋人,它们绝对构成了一代人的爱情记忆和西湖情结。但这些椅子一年需要多次涂刷油漆保养,而且涂层总是斑斑驳驳,效果不佳。在新湖滨景区建设时,有人曾提议干脆将这些椅子换成石凳石椅。但考虑到生硬的石椅与西湖婉约的风格不相符,况且从老西湖的照片、图画中可知,湖滨景区一直用的都是木椅,所以最

音乐喷泉

终决定还是保留木头材质。但怎么解决上述的油漆问题呢？好在项目办从日本友人赠送的福井园木构八年无须油漆的事例中得到了启发，通过多方努力，引进了原产日本的丝柏防腐木，解决了木椅的难题，而且凡木桥、花架等室外构件也一概采用了这些进口防腐材料。窨井盖也要动，全部换成双层不锈钢窨井盖，使材质、纹理与所处铺装地面一致；担心地下水位过高，新栽种的法国梧桐行道树的根盘上浮，容易被吹倒，就专门安排了树池滤芯层和集水管网；湖滨公园新拓绿地上的那些侧石也不能让它们老是闲着，按照闲时侧石、高峰时为园凳的标准设计施工……

总而言之一句话，该想到的细节都想到了。

湖滨地区改造工程和西湖西进工程进展的关键阶段，正值杭州遭遇50年来的最高气温。在气温最高的那几天，由杭州市政协艺术团组织文艺工作者深入建设工地进行慰问演出。

2003年7月31日晚，西湖综合治理工程的建设者们被请到杭州红星剧院。在剧院门口，他们愣住了：穿着盛装的锣鼓队敲锣打鼓地把他们迎进了门，这使他们意识到，今天，自己是这座崭新剧院的贵客。而来到剧

2003年7月，杭州市政协"西湖明天更美好"慰问文艺晚会

院内，建设者们又深深地体会到组织者的细心：每个座位上都放着一瓶矿泉水、一把纸扇，展开扇面，上面印着晚会的节目单。晚会开始时，市政协主席虞荣仁作了简短的讲话，他深情地对建设者们说："你们辛苦了！"一时间，那些手上青筋暴露的汉子们心头一热，眼眶湿润了。他们有一种被理解、尊重和赞颂的感觉，而台上作为背景的一行大字——"西湖明天更美好"，更是表达了剧场内所有人的心愿。

为了西湖的明天更美好，今天的所有付出都是值得的！

2003年9月27日，习近平同志赴西湖综合保护工程施工现场考察工程建设情况，听取杭州市有关工作情况汇报。他强调，西湖承载着悠久的历史，积淀着深厚的文化，凝聚着数千年杭州人民在创造物质文明和精神文明过程中传承下来的文化精髓。西湖文化在杭州文化中有着独特的位置。在西湖四周，留下了吴越文化、南宋文化、明清文化的深刻印记，留下了无数文人墨客的佳话诗篇，留下了无数科学巨匠的创造发明，留下了无数民族英雄的悲歌壮举，留下了无数体现杭州先民勤劳智慧的园、亭、寺、塔。如断桥、雷峰塔就有一个"许仙和白娘子"的美妙传说，家喻户晓，妇孺皆知。可以说，西湖的周围，处处有历史，步步有文化。这些都是祖先留给我们的财富，这些财富是不可再生的，弥足珍贵。对这些历史文化遗存，我们一定要保护好，利用好，传承下去，发扬光大。杭州在去年南线景区改造和今年新湖滨景区、杨公堤景区建设中，都挖掘和恢复了不少历史文化景观，进一步丰富了西湖风景名胜区的文化内涵。在今后的开发和建设中，还要始终坚持这一点。现在有的地方搞旧城拆迁改造，把一些文物古迹搞得荡然无存，这是非常可惜的。杭州是浙江的省会城市，在保护文化遗存、延续城市文脉、弘扬历史文化方面，希望做得更好，发挥带头作用。[①]

一天一天，日子就在建设者们流汗、流血中度过了。

2003年9月25日，隔壁的"战场"——"西湖西进"工程已经全部收尾开始搞卫生了，而新湖滨景区看起来还像个大工地。大家都捏了把汗：这还能不能按期完成？但朱坚平这会儿倒不急了，因为经过这么多时间的磨合，对于自己的施工能力，他心里有底！

直到10月1日凌晨，施工人员还在现场争抢时间以完成最后一道火烧花岗岩的工序。天亮时，新湖滨已被打扮得漂漂亮亮，揭开面纱，靓丽登场。

4. 为西湖建起一座专门的博物馆

西湖太博大了，对于很多人来说，来到杭州西湖，无与伦比的自然美景加敦实厚重的历史文化，一时会让人目不暇接，应对不过来，大有"只窥一斑而不见全豹"之恨，最后只好"如入宝山，空手而回"，终究是很大的一件憾事。

西湖需要一个能够集中展示的地方，而对于游客来说，解读西湖、体悟西湖也需要一个窗口。

2021年出版的《浙江通志·西湖专志》中的"大事年表"援引《西湖岁月：新中国建立以来西湖风景区治理保护工作纪事》一书，其中2003年

[①] 习近平：《干在实处　走在前列——推进浙江新发展的思考与实践》，中共中央党校出版社，2006年，第479至480页。

第三章 序曲：西湖综合保护工程

的条目上是这样记载的：

> 4月，省委书记习近平会见香港文汇报社社长张国良，张国良提出建造西湖博物馆的建议。
>
> 5月21日，省委书记习近平写信给杭州市委、市政府主要领导，提出建造"西湖博物馆"的建议。

作为公共文化服务的重要组成部分、人类文明记忆和传承的重要阵地，西湖确实是太需要这么一座专门的博物馆了。《国际古迹保护与修复宪章》（《威尼斯宪章》）第五条也提出："为社会公用之目的使用古迹永远有利于古迹的保护。"于是，杭州市委、市政府当即决定，在南山路钱王祠前面辟出地方建一座西湖博物馆。给出的任务时间是：一年之内建成！

时任西湖风景名胜区管委会（杭州市园文局）文物处处长的卓军负责博物馆的展陈工作。一年时间很紧张，而他接到任务的时候手头连一件文物都没有。好在文物处长有专业知识，也有相关的人脉。"在家靠兄弟，出门靠朋友"，唯一的办法只好出门去"化缘"了。他动了很多脑筋，拜访了"各路神仙"。很多收藏家听说要建西湖博物馆，都非常支持，拿出了很多跟西湖有关的物件，包括西湖水下出土的一些文物。已故的浙江省收藏协会的秘书长王玉先生也帮着他来张罗，从天南海北的许多藏家手里拿到了很多东西。

"你们现在看到陈列在西湖博物馆里面的很多东西，就是当年我们花了九牛二虎之力，收集来的很多文物藏品。商周时期的青铜兵器，戈、戟、矛等，各个时期的金帛钱币，还有那个祈雨或者祷福的时候投到西湖里面

西湖博物馆

的投龙简，银简、锡简都有，龙形的，都是从西湖水下出土的。"

"一些老先生现在都已经去世了，像浙江省收藏协会的秘书长王玉先生，我真的很感谢他们！"

卓军是个很重情义的人，那种"众人拾柴火焰高"的情形一直让他感动不已，这个西湖博物馆收藏和展出的是西湖各个历史时期的文物，凝聚的其实是大家对西湖的爱！

文物的收集只是一方面，还有一方面考验的是展陈团队的功力。西湖博物馆还设有一个电影院，放着一部叫《西湖沧桑》的3D电影，讲述西湖的演变历史。制作单位的脚本总是难以令人满意，最后只有他们自己写了。这个布展过程给卓军的印象实在是太深了。作为文物处处长，杭州几乎所有博物馆的展陈，他都参与过。唯独西湖博物馆，"我说是跟我孩子一样的，是我花的精力和心血最多的一个馆"。

在接受杭州电视台采访时，他说看到过习总书记的那个批示，写了将近两页纸，都是习总书记手写的，陈述建这个博物馆的重要性。而且在西湖博物馆筹建过程中，习近平同志也亲自来视察了好几趟，看馆址筹建的情况，看文物收集的情况，什么都去看，真的是无微不至地关心。

习近平强调，西湖是"主人"，建筑是"丫环"。西湖博物馆的建筑形式符合西湖特色，要进一步坚持"浓抹自然、淡妆建筑"的理念，按照高标准，多管齐下、一步到位搞好建设、装修、布展等各方面工作，把西湖博物馆建设成与自然和谐相处的精品工程，使西湖博物馆成为爱国主义教育基地、科普园地和具有特色的旅游引领性博物馆。[1]

2005年10月1日，杭州西湖博物馆在毗邻钱王祠的南山路89号正式开馆了。这座占地面积2万多平方米的博物馆集陈列展示、西湖学研究、西湖文献征集和游客服务四大功能于一体，整个建筑不着痕迹地融入周围的湖光山色中。

根据习近平同志的指示，西湖博物馆就是要让历史文物说话，讲好古老中华文明的故事，让文物真正"活起来"。博物馆的展厅涵括了序厅、天开画图、钟灵毓秀、浚治之功、西湖题名景观、西湖文化史迹、儿童展厅等七大篇章。展陈内容紧密贴合西湖世界文化景观遗产史迹，显示出西湖在历史发展过程中，人与自然和谐共存、天人合一的关系，全面展示了西湖作为人类文化景观遗产的完整性和真实性，用丰富的史料和实物印证了

---

[1] 周咏南、杨泽伟：《把西湖博物馆打造成精品工程》，《杭州日报》2005年5月16日。

西湖的普遍价值。走进西湖博物馆，不仅能看到独创的西湖山水景观组合和丰富的历史文化遗存，更能用全新的视角去体会景观背后深厚丰富的文化积淀，与世人分享西湖唤起的审美共鸣。

这是一个典藏和诠释西湖文化的记忆库，也是全面解读西湖文化景观作为世界遗产的突出普遍价值并全方位展示遗产完整性和真实性的独一无二的平台，当然了，它也是中国第一个湖泊类的专题博物馆。与此同时，设在西湖博物馆里的西湖学研究院也成立了，解读西湖的文化基因，传承杭州的城市文脉，一门"西湖学"应运而生。

5. 一篇"石破天惊"的报道

2005年3月26日，新华社发表了一篇有关杭州西湖的报道：

>　　杭州下大力气装点西湖，西湖越来越美丽，吸引着越来越多的海内外游客，本是门票涨价的良机，为什么免费呢？游客越多不是越亏了吗？
>
>　　损失的账显而易见：西湖七大公园一年的门票收入，大约是2600万元，而"免票"后还要增加公园安全、保洁等方面的投入，门票的损失和再增加的投入，一年要6000万元。
>
>　　但杭州人得到了免票后"立竿见影"的效益：游客增加，人流造就了商机，景区内商铺每年的拍卖收入因此大增；不少知名企业开始进驻风景名胜区发展第三产业，增添了不少税源。杭州人还看到了"潜力无限"的效益：漂亮而又免费，让更多人流连

忘返，多留一天，带给餐饮、住宿、商贸、交通等的旅游收入远远超过一天的门票。免票前的 2002 年，杭州旅游总收入为 294 亿元，到 2004 年旅游收入已突破了 400 亿元。

杭州市委、市政府还算着更大的账：西湖漂亮了，市民开心了，游客高兴了，城市的形象提升了，高层次的人才来了，国际知名的跨国公司来了……这笔大账算得好啊！

这篇重量级的文章一发表，立即在全国范围内引起话题，尤其是全国各地的旅游界更是颇受震动和启发。

21 世纪初，在全国各地景点门票的一片"涨"声之中，杭州却反其道而行之，推出了"免票制"。

2002 年，杭州市西湖环湖南线景区整合工程刚刚结束，杭州市委、市政府就决定对南线景区实行免费开放。这是杭州旅游景点实行门票制度以来，第一次免费开放。当时，除了南线景区外，还有沿湖的孤山、俞园纪念馆也实行免费开放。到 2003 年 4 月，没有围墙、不收门票的完整西湖将自己的每一寸绿地和每一处景观还给了广大市民和游客，在全国园林景区门票制度改革中迈出了重要的一步。2003 年 5 月 18 日，正是国际博物馆日。杭州市园林文物局所属的六大博物馆、纪念馆又一次实行免票入内游览。后来，杭州"北山街历史文化街区保护""杨公堤景区""龙井茶文化休闲旅游景区""梅家坞茶文化村"等新增的 15 个西湖景区先后免费开放。自此，"免费西湖"成为杭州市旅游的一面旗帜。

西湖，是人民的西湖，人民在这儿的所有景点游玩都是免费的。

据说，有一次开西湖景区研讨会，一位专家在发言中说："据研究，景区门票价格每下降10%，游客就会增长3%—5%。"

这是算小账与算大账的区别，门票收入毕竟只是小账，拉动旅游、带动经济这才是一笔大账！

这是一种大格局，大战略！

浙江省记协副主席周咏南在《习近平在浙江（下）》中回忆说：记得习书记刚来浙江的时候，有一个周末晚上，他在西湖边散步，在跟群众的交谈中，有人反映公园要买门票，进去晨练很不方便。当时，杭州市的公园还需凭门票进入，但其实市里已经在搞公园开放的试点工作了。习书记就在一次相关的会上说："公园应该姓'公'，应该还给老百姓。西湖不但对杭州市民免费，对所有人都要免费。四方来的都是客，到了我们这里，我们就是主人，应该敞开胸怀来欢迎客人，伸出双手来拥抱他们。我们怎么能收取门票呢？难道客人到你家里来，你还要收人家进门费吗？现在杭州市在搞免费试点，这个很好，但是要尽快推广。"在习书记的大力推动下，杭州的景点、公园很快就全部免费开放，成为全国最早公园全部免费开放的城市，现在浙江省的公园也都基本上全部免费了。在公园开放的过程中，习书记了解到有的公园里面有私人会所存在，他就要求有关部门全部清理掉，把公园完完整整地还给公众。[①]

2002年，西湖所有的公园宣布取消门票，这是全中国第一个免费向公众开放的AAAAA级景区。这一决定看上去每年要少几千万元的门票收入，却数倍地增加了游客量，进而推动了环西湖商业圈的繁荣。"免票西湖"带

[①] 中央党校采访实录编辑室：《习近平在浙江（下）》，中共中央党校出版社，2021年，第389页。

动的是全城的旅游和经济，也给这座城市带来了意想不到的收获。

它是在遗产保护和城市发展之间找到最佳平衡点和最大"公约数"的一次成功探索。

免费西湖，标志着杭州旅游已经从单纯地利用西湖的风景资源，转向了对流量资源、口碑资源的开发利用。用一张门票带动第三产业、获得全民口碑、引来世界瞩目……它既提升了西湖的文化格调，也实现了保护与发展的双赢。

可以说，这是一次具有非凡意义的转折，多年来的旅游思路、经济发展模式都发生了巨大的转变，"经营城市"的大概念取代了单纯的"旅游经营"的小概念，杭州以其大格局率先撬动了大市场！

在面向西湖的许多公园里，游客们在冬日的暖阳中惬意地漫步、嬉戏。市民陈先生表示，取消门票让杭州更像一个家了，而西湖就是家的"后花园"。

免票游西湖令杭州旅游"飘红"。事实证明：杭州市财政资金对西湖风景名胜区进行的"投资"是一个"以小博大"的高明之举！西湖的免费开放真是功不可没！

6. 让"景中村"成为"村中景"

> 故人具鸡黍，邀我至田家。
>
> 绿树村边合，青山郭外斜。

唐代诗人孟浩然的这首《过故人庄》每每激发起我们对田园生活的向往。一个从农耕社会走来的国家，她的人民在心底里都有一份对农家生活的眷恋，而快节奏的都市生活和工作压力更让人怀念这份日渐远去的悠闲和惬意。这种中国式的"乡愁"使得农家乐之类的休闲旅游大盛。

西湖景区在历史上大部分是属于杭州城外的农村地带，根据《杭州西湖风景名胜区总体规划（2002—2020年）》，西湖风景名胜区面积为59.04平方千米，按景区范围划分为净寺社区、三台山社区、九溪社区、金沙港社区、灵隐社区、栖霞岭社区6个社区和梅家坞村、梵村村、龙井村、翁家山村、满觉陇村、九溪村、双峰村、茅家埠村、杨梅岭村9个村。

西湖景区内的"景中村"大多紧靠景区，或景点包含着村庄，或村庄包含着景点。在现代著名作家郁达夫的小说《迟桂花》中，就描绘了翁家山一带纯朴静美的山村景色，作家甚至把它当作了治愈心灵的一块净土和圣地。

梅家坞

但是，由于缺乏系统完整的规划设计，西湖景区的周边村庄长期以来大多无序发展，基础设施相对落后：没有自来水，也没有排污干管；村内道路建设严重滞后，行路难、停车难；电力管网薄弱，网线等各类管线杂乱，环境脏乱差现象比较严重。市委、市政府高度重视原生态西湖的保护和治理，于是，"景中村"的改造便成了西湖综合保护工程中刻不容缓的任务。梅家坞村就是首个"景中村"改造项目。

梅家坞村有600余年的历史，是西湖龙井茶一级保护区和原产地。这里有山有貌，有坞有水，有茶有文，也是市民游客体验茶文化、农家乐休闲旅游的首选之地。早在20世纪五六十年代，梅家坞村就是对外开放的定点观光区，接待过多位外国领导人和国际名人，周恩来总理曾于1957年至1963年先后5次视察梅家坞村，并把梅家坞村作为指导全国农村工作的联系点。江泽民、李鹏、乔石等党和国家领导人也都视察过梅家坞村。

20世纪90年代开始，梅家坞村鼓励茶农利用自家房屋院落开办农家茶楼，以"十里梅坞"的茶乡景观为依托，发展西湖龙井茶文化和农家乐休闲产业。但在自发、无序发展的"繁荣"表象下，一些明显的不足和矛盾也逐渐凸现出来。基础设施的薄弱当然是主要问题；而村民的盲目建设也破坏了自然生态环境，风格杂乱的各式建筑纷纷冒出来，欧式豪华的高楼式民居在青山绿水间显得格外突兀。

西湖旅游资源正在遭到破坏和浪费，西湖山地民居的文化也面临湮灭风险。

为了保护这份稀缺资源，2002年，由西湖风景名胜区管委会编制的《梅家坞茶文化休闲旅游项目规划方案》获批立项，次年，正式拉开了梅家坞茶文化村综合整治的序幕。

2003年，时任西湖风景名胜区管委会副主任的刘颖受命负责这个"景中村"的综合整治工程，他迫切想告诉村民们的是：如果再不加以规范和整治，不仅会让遗产遭受损失，最终消耗的还是他们自身的资源优势和竞争力！

为了赢得村民的信任和配合，2003年的大年初一、初二，"梅办"的全体领导干部分成两组，去给涉及立面整治的102户村民挨家挨户拜年，而他们自家的长辈却只能到年初三后才轮上。

然而，他们的一片苦心却未得到积极的回应。有一次，村西头一户人家的违章建筑即将被拆除，刘颖到现场刚跨进门槛，一位八九十岁的老爷爷便扑上来抱住了他的腿，情绪激动地叫喊："我生在这里，长在这里，死也要死在这里。你们要拆，就从我身上踩过去！"他赶紧扶老爷子起来，安慰道："有话好好说，好好说！"但是真要听他说，老爷子又说不出什么了，于是，他只得跟这一家子人细细沟通，整整聊了一天，总算把工作做通，这户人家同意拆除违章建筑并接收整治。第二天一大早，他又来到隔壁一户即将拆违的农户家，没想到，门一开，昨天那个老爷子又端坐在这户人家的客厅里，只不过，这一次老爷子也认出了他，没好意思故伎重演再过来抱一回腿。他当时也是一愣，莫非是双胞胎？后来一打听，真是啼笑皆非：原来，整治工程还催生了一批"抗整治专业户"，普通的行情是一位老人每天的租金是50元，这位老爷子就是租来的专业户之一。

虽然工作艰难，但综合整治还是如期开展了：对梅家坞全村及梅灵路两侧的基础设施进行改造；对梅坞溪和沿街立面进行整改；对老建筑进行修缮……整个一期工程以环境整治和美化为主，以农户动迁为启动点，以景观建设为补充，既改善了村落生活环境，又恢复和保护了茶乡的风貌。

市民游客对整治后的新梅家坞好评如潮。一时间，去梅家坞喝茶成了一种新的时尚，农家茶楼和饭店家家爆满。这一下，尚未得到整治的纵深区块的村民坐不住了，他们抱怨说："梅家坞晚上，主街两边灯火辉煌、茶楼喧闹，是'市中心'；里面的村落死气沉沉，人影儿都没有，仍旧是乡下。"——老百姓是最讲实惠的，他们看到了综合整治带来的巨大变化和经济利益，于是，几十户村民联名写信，要求进行村庄纵深整治。村庄最深处朱家里的村民呼声最强烈：我们这里有乾隆皇帝到过的地方，你们怎么还不来修一修啊？

2004年，梅家坞村综合整治二期工程就这样在众人的期盼中拉开了帷幕，整治的主要区域就在朱家里，而这里的人们早已等不及了！

二期工程就这样顺顺当当地完成了，当然了，朱家里村民传说中的乾隆曾经到过的农宅古建筑也理所当然地在这一次得到了修复。古迹修复可是申遗的重要内容。

整治后的梅家坞村呈现出一派"溪水清清溪水长，溪水两岸好风光"的山坞茶村秀丽风貌，梅家坞的茶园也从单纯的产茶基地转变成了集生产、观光、休闲于一体的生态景观示范园区。"不雨山长润，无云山自阴"，清澈潺潺的梅坞溪畔，百余座花格木窗、粉墙黛瓦的农家茶楼在千亩茶园、万亩山林的环绕簇拥下，美得像一幅浓墨重彩的山水画卷。闲坐在惬意恬静的农家小院里品茗烹茶，茶香宜人、景色宜人，令人心旷神怡。

在梅家坞取得成功经验后，西湖景区又先后实施了茅家埠、双峰、龙井、灵隐、杨梅岭、九溪、满觉陇、翁家山、梵村等一系列村庄的整治。"景中村"整治注重结合各村的历史、文化和个性，因地制宜，形成特色，尽量保持村庄的原汁原味。茅家埠村的整治中，就突出了湖埠、香道及水滨民居的景观特色，着重体现茶文化、佛教文化及民俗文化，再现西湖地区原生态民居聚落及传统香市的景观风貌，恢复了"上香古道"等历史景观。

西湖"景中村"的改造共完成15项整治工程，时间跨度长达十余年，西湖旅游资源得到了有效的保护，西湖边的"景中村"现在是村村有景，村村即景了。

7. 爱与哀愁北山街

2003年6月29日，星期日。

杭州的《每日商报》"闲周刊"以整版的篇幅刊登了《爱与哀愁北山街》一文。文章以北山街上著名建筑"秋水山庄"的主人沈秋水的视角切入：

> 70年前的一个清晨，沈秋水从梦中沉沉醒来，便觉得暑气渐渐盛了。披了晨衣站在露台上，隔着一条静江路，那湖边的荷花池又比昨日萧条了些，楼下站着的隔壁朱宅的几个佣人在对话，你一言我一语的，秋水听不真切，但她知道他们一定是在讨论晚上宴会的采购事宜。隔壁的大宅子虽名为"孤云草舍"，但显然不是"草舍"，那显赫的主人也更不会孤独，不像这个秋水山庄，就只剩下一个秋水了。想到这里，秋水便默默地无奈地笑了。他，已经有好一段日子没来了。
>
> 时光匆匆流转了70年，静江路已数易其名，如今换了个朴

素的名字叫作北山街。不知有多少人曾从这条路上走过,因为一段爱情爱上一个湖泊,因为一条小路爱上一座城市——依然是江南的梅雨时节,然而相隔了70个春秋,北山街上的梧桐树叶生了又落,依山而筑的宅子一再修葺,终于快要抹去曾经爱过的痕迹了……

北山街,可以说是凝聚着民国记忆的西湖边的一条街。1929年,西湖博览会就在这里举办。这条街上集聚了太多民国闻人的别墅洋房,蒋经国旧居、谭延闿旧居、邱清泉公馆、戴季陶公馆、李朴园旧居、息庐、菩提精舍、坚匏别墅、孤云草舍、静逸别墅,当然还有报业巨子史量才为沈秋水盖的秋水山庄,北山街堪称一个没有围墙的近现代建筑博物馆。那些中西合璧的建筑无声地讲述着与民国名人有关的故事。而从断桥到曲院风荷,沿着西湖边这3000余米长的北山街,一路走去,真是俯仰皆风景,步步是历史。

这里曾是西湖风景名胜区内含金量极高的景观地带,也是体现西湖雅文化的集中地。可以说,西湖的几千年文化延续到现代,北山街就是一个连接点、一个展示的窗口。但是,由于历史的原因,北山地区却成了环湖最为杂乱、无序的地段,与西湖美景极不协调。

作为杭州日报报业集团旗下的《每日商报》自然不会无病呻吟地去做"爱与哀愁"的文章,事实上,它是在为即将开始的北山街历史文化街区保护工程作铺垫和造势。

2003年9月,杭州西湖风景名胜区管委会面向全国开始征集杭州北山街历史文化街区保护规划设计方案。很快,浙江省古建筑设计研究院、浙

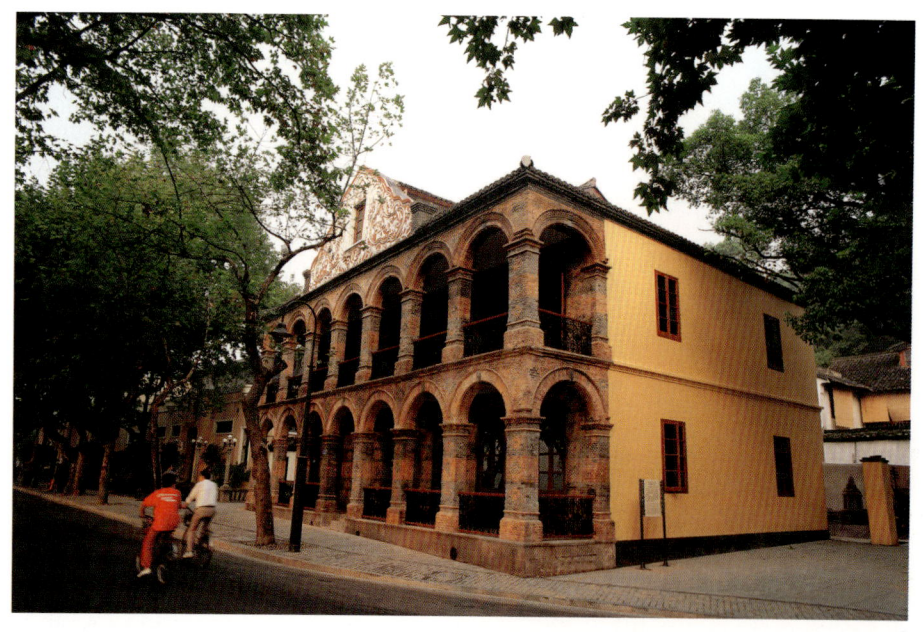

北山街抱青别墅

　　江大学建筑设计研究院、天津大学建筑学院、杭州园林设计院股份有限公司和东南大学建筑设计研究院等5家建筑设计单位寄来了各具特色的设计方案参与竞标。

　　2004年2月8日，杭州西湖风景名胜区管委会邀请中国历史文化名城专家委员会副主任、国家文物局古建筑专家组组长罗哲文，北京大学世界遗产研究中心主任谢凝高，浙江省历史文化名城保护专家委员会主任、浙江大学教授毛昭晰等13位城市规划、古建筑、文物保护、园林绿化、旅游方面的专家，对各个方案进行评审。经过专家们认真、细致的评审，浙江省古建筑设计研究院的设计方案最终中标。该方案对北山街的改造提出了"三横四纵"的设想："三横"，即北山街、葛岭路、宝石山—栖霞岭山脊游步道；"四纵"，即保俶塔至前山路、葛岭至初阳台、锦坞至山脊、栖霞岭至黄龙洞。

评审方案确定下来，西湖风景名胜区管委会马上成立了北山街历史文化街区保护工程建设指挥部，具体负责北山街历史文化街区保护工程，办公地点就设在菩提精舍。

为了广泛吸纳民意和民间智慧，2004年4月25日至29日，《北山街历史文化街区保护规划方案》还在西湖博览会博物馆大厅公开展示。公展期间，接待参观者近万人次，收到书面意见、建议500余条，杭州人对这条凝聚着"爱与哀愁"的北山街，实在是有割舍不掉的情分！

浙江省古建筑设计研究院根据群众的意见和建议，同时吸纳了其他方案之长，又对规划方案作了进一步的修改完善，使之日臻完美。

北山街，就这么开始变样了——原先混凝土材质的人行道板都改成了古色古香的石质板材；各种凌空架设的电力、电信网线都被"上改下"埋入了地下；西湖一侧的人行道中间还设置了雕刻有西湖风景、人物故事、传说画面的花格板……细心的市民还发现，连宝石山一带的树木都发生了变化：原先这里的树种大多是香樟、黄连木、麻栎、沙朴等，缺少色彩及季相的变化，现在，通过加土、驳坎等方式，又种上了无患子、银杏、红枫、鸡爪槭、石楠、乌桕等多种色叶的树种。这可把杭州城里的摄影爱好者乐坏了，"长枪短炮"到北山街拍秋天的叶子，成了热门的活动；而植物爱好者们也不甘寂寞，这个是红叶石楠、这个是金丝桃、这个是彩叶杞柳、这个是金边菖蒲……一时间，北山街居然成了流动的植物学大课堂。

与此同时，以保俶塔为中心的夜景灯光也博得了一片喝彩声。在人们的印象中，霓虹灯总是太过璀璨亮丽，没想到北山街的夜景灯光却柔和得像一支小夜曲，淡雅得像一幅水墨画。专家说，根据宝石山林相的改变，

北山街夜景

对宝石山上的树木花草进行灯光控制，可以体现春夏秋冬树木的光彩变幻，营造梦幻般的北山园林景观。这真是叫人大开眼界了！

北山街的日新月异让人耳目一新，杭州人的参与意识和主人翁意识也被极大地激发出来。2004年5月下旬，浙江省人大代表王水福、赵大川致信杭州市委领导，建议在北山街历史街区保护工程中恢复武松墓和苏小小墓。

杭州市政协受市委委托，立即组织了相关文史专家进行专题论证和实地考察，给市委、市政府提出了《关于苏小小、武松墓重建问题的情况报告》：

钱塘苏小小的事迹最早见于南朝徐陵编纂的诗集《玉台新咏》，唐代诗人白居易、李贺，元代诗人杨维祯等都有专门的题咏。清代杭州籍的大诗人、大学者袁枚更是对苏小小推崇备至，他甚至刻了一颗"钱塘苏小是乡亲"的闲章，聊表爱慕。更有后人用楹联的形式表达凭吊之意，其中最著名的一联是："湖山此地曾埋玉，花月其人可铸金。"据说，当代著名文学家茅盾先生就对这副楹联深表赞赏。由于有了这么多文人雅士的传颂，苏小小的故事就跟梁祝和白娘子的故事一样，成了家喻户晓的西湖传奇。至于苏小小墓乃是清代重修，《西湖新游记》上记载，康熙南巡到杭州的时候问起苏小小的墓，浙江巡抚"乃连夜抔土西泠桥下，一夕成冢，以备御览"。

而武松的事迹最早见于宋元之际周密所著的《癸辛杂识》，在《临安县志》《杭州府志》等地方志上也有记载。他本是浪迹江湖的卖艺人，"貌奇伟，尝使技于涌金外"，"非盗也"。杭州知州高权见他武艺出众，就提拔他做了都头。可以说，这个宋义士武松正是《水浒传》中武二郎的原型。武松墓最早建于民国初年，民国二十五年（1936）出版的《游杭快览》中就有专门的介绍文章。这样的考证为恢复苏小小墓和武松墓提供了史实依据。

于是，北山街历史文化街区保护工程建设指挥部根据市民和专家的提议，委托杭州园林设计院有限公司设计武松墓及苏小小墓各3套方案，并于6月16日至21日在西湖博览会博物馆举办的《北山街历史文化街区保护工程滨湖绿地景观设计方案》公展中展出。从5000余名参观者中征集的500多条意见、建议来看，有80%以上的参观者赞同按历史原貌恢复武松墓和苏小小墓。

杭州市民对"两墓"的恢复报以极大的热情，除了提出宝贵意见外，还纷纷提供有关的历史资料。杭州市历史学会的丁云川提供了7张有关苏小小墓的老照片、10 副苏小小墓亭的对联，并详细标明了柱联的排法和朝向，在刻字时还特地赶到现场与工作人员一起定位；杭州梅苑宾馆的副总经理包起良特地将儿时摘录的 12 副苏小小墓亭对联送到工程建设指挥部供参考。

为了确保设计方案的完美，指挥部还专门派人赴北京，就"两墓"的修复方案征求著名园林专家、中国工程院院士、北京林业大学博士生导师孟兆祯的意见。孟院士认为，"两墓"的修复一定要尊重历史，西湖是历史文化沉淀的代表作，具有丰富的人文景观和自然景观，而墓葬文化是西湖文化的重要组成部分。具体修复时，要根据现存照片等资料反复推敲墓、亭的位置、尺度、比例、色彩，原汁原味地再现其本来面目。

经过充分的前期准备，历时 3 个月后，2004 年 9 月 30 日，修复的苏小小墓和宋义士武松墓终于建成开放。

武松墓

因为正逢国庆黄金周，又是地处西泠桥黄金地段，西子湖畔游人如织，西泠桥头的这两处重建的名人墓地自然格外引人注目。许多老杭州特地赶来拍照留影，

苏小小墓

欣喜之情溢于言表。争议的声音当然也有，尤其是苏小小作为南北朝时的南齐钱塘名伎，其身份颇为敏感。2004年10月13日的《中国妇女报》就载文称："苏小小墓亭已立于湖畔，隔着西泠桥那端，有清末革命女侠秋瑾的纪念雕像与之相望。观景望湖，联想西湖时而涌动历史女性之争，倒别有一番趣味在心头。"——其实，在思想观念更为开放的今天看来，这两者之间并无违拗，事实上，倒是更彰显了杭州的大气、开放、包容，以及对历史的尊重。一位作家后来在他的著作中写道："杭州人同情苏小小的红颜薄命、仰慕她的多才多艺、敬佩她的爱才怜才，敢于让这么一位倡优女子的坟茔伴随着西湖而流芳百世。在别的城市，我真不曾见过这样的平等与宽大。唯有如此之宽大，才会对娼门女子给予了怜爱与同情。杭州人则不仅仅宽恕，且从下到上由衷地予以了理解和仰慕，这是一份怎样博大的襟怀！"

其实，苏小小的故事就跟梁祝和白娘子的故事一样，已经成了家喻户晓的西湖传奇。如果把梁祝比作中国版的罗密欧与朱丽叶,那么苏小小就好比是中国版的茶花女。苏小小因了西湖的绮丽山水而成就其不朽芳名,而西湖也因为有了这么一位才貌俱佳的女子而更添几分人文魅力。

8. "将乾隆皇帝请回来"

"龙井八景"位于龙井寺东北部的山谷中,这里群峰环绕、古木参天,溪水叮咚,自古以来就是西湖的游览胜地。乾隆皇帝六次下江南六次驻跸杭州,四次亲临龙井,亲笔为"龙井八景"题名,每次都题咏八景,"龙井八景"也因此而闻名于世。事实上,西湖龙井茶之所以名扬天下,也跟乾隆的喜爱和褒扬分不开。乾隆下江南的故事,已经成了杭州民间的集体记忆。恢复"龙井八景",就是延续这一份民间记忆。

2006年,西湖风景名胜区管委会决定实施"龙井八景"恢复工程,时任管委会副主任高小辉负责这个项目。他来到此地,发现现状与名胜极不相符:农居占据了景观的最佳位置;混凝土平台、陶瓷烧制作坊等违章建筑随处可见,地块内甚至还有一个建材堆场,占据了"过溪亭"东侧大部分山谷。景区内古道破损严重,历史记载的景观基本上已找不到踪影。

高小辉这才感到肩上担子的沉重。事实上,在场的每一个人心情都十分沉重。"龙井八景"盛景难觅,对不起乾隆皇帝,对不起杭州人的那一份集体记忆啊!

从方案设计开始直至工程实施完毕,工程建设团队查阅了大量的史料,虚心请教专家,广泛征求市民和游客的意见,最终形成了"恢复景观、挖掘文化、优化空间、美化环境"的修复整治方案。

历史上的"龙井八景"是乾隆皇帝四次巡幸龙井、吟诗赋歌的地方，随处可见碧绿的茶园和流淌于山道边的溪水，当时的记载很翔实，那么，首要任务就是按照这些记载来恢复那些景观。"恢复不能凭空想象，最重要的是尊重历史，要有历史依据，这样才是'真恢复'。"高小辉说，为此，他和建设单位、设计人员一起到文献档案馆、博物馆、图书馆等单位查阅史料、归集整理，又请文史专家进行研讨，对文献资料进行考证把关。于是，风篁岭、过溪亭、涤心沼、方圆庵、龙泓涧等一个个景点都整修或恢复了起来。

始建于北宋元丰年间的过溪亭，是宋代高僧辩才法师与苏东坡谱写佳话的地方。相传辩才退居龙井寺，曾在寺前虎溪上筑桥，名归隐桥，并称凡送客不过此桥。后来，苏轼来访，与法师相谈，十分投缘。及相送时，法师竟忘记了自己定下的"山门送客，最远不过虎溪"的规矩，一直将苏轼送至风篁岭上。后人遂建亭于桥上，名"过溪亭"，亦名"二老亭"。今天的亭子已经恢复了四石柱歇山顶的样式，筑于石级桥上，跨溪而立，站在过溪亭上，遥想当年情景，让人有一种回到1000多年前的错觉。

从龙井出来，还有一个公交站点叫"立马回头"，也是恢复起来的一处景点。相传，乾隆下江南时曾发生过一件震惊朝野的大事。乾隆二十七年（1762），乾隆第三次南巡时，皇太后提出："上有天堂，下有苏杭"，江南风光秀丽，皇后已经正位数年，可命其同行。于是，这一趟便成了帝后共游。一路上，生性风流的乾隆皇帝经常微服私访，少不得拈花惹草，引起皇后的极大不满，与乾隆顶撞，并冒满族之大忌，剪下了青丝。乾隆十分生气，命宫监将皇后先行送回京师。由此，皇后忧愤成疾，于次年八月病逝。乾隆后来也十分后悔，下诏抚慰。这处景点后来一度成了年轻人的网红打卡点，据说，小情侣闹了矛盾，到此必定回心转意。

　　游览龙井八景，既是为了观赏龙井一带的山岚佳境，更是为了体验、品味其中蕴含的龙井茶文化。为此，工程建设团队精心设计了三个文化体验点：一是设置了诗碑廊。乾隆皇帝四次巡幸龙井，写下《龙井八咏》诗32首，诗碑廊里陈列的正是乾隆第三次南巡时为"龙井八景"题的诗，将御笔手书放大一倍后用京砖雕刻，重新展示。二是设置了乾隆与茶文化陈

| 翠峰阁　　| 过溪亭　　| 方圆庵

| 风篁岭

第三章　序曲：西湖综合保护工程

| 涤心沼 | 一片云 |
| 神运石 |
| 龙泓涧 |

列室。陈列室以乾隆南巡杭州、乾隆嗜好龙井茶、钟情于龙井茶园、御封"十八棵茶树"等记载为核心，将乾隆与杭州、与龙井的历史文化、历史场景呈现出来。三是以龙井之龙为寓意，在诗碑廊前建一处龙雕，水源从龙尾处注入，从龙头吐出，随后和龙泓涧汇合再流入西湖，整个造型大气磅礴。

— 147 —

"景点是表象，文化是灵魂，在西湖景区，只有将景观与文化有机融合，景点才会富有底蕴，才会富有生命力。"高小辉说。

如果说"龙井八景"是景观意象的载体，那么，周边的环境就是衬托的背景。鲜花虽好，也要有绿叶陪衬，于是，优化空间、美化环境这两篇"文章"也同时展开。拆迁安置农居9户，整治移位农居5户，拆除各类违章建筑6228平方米、围墙786米，新辟、修复道路400余米，修复、新架桥梁18座，种植各类乔灌木5000余株，绿化地被8万平方米……然后，又推出了茶饮集市、樟荫品茗、精品茶宴等场景，使《龙井八咏》的意境和多种饮茶场景相结合，使饮茶与生产、艺术以及自然环境相融。

就这样，杭州人的一份集体记忆被找了回来，乾隆皇帝终于又回到了杭州。

9. 为了"一湖水"

白居易当年惜别杭州时，曾写下一首《别州民》：

> 耆老遮归路，壶浆满别筵。
> 甘棠无一树，那得泪潸然。
> 税重多贫户，农饥足旱田。
> 唯留一湖水，与汝救凶年。

临别时的白居易想到的还是那些赋税沉重的贫苦农民，深愧自己没有为百姓建树更多的善政，只是为他们留下了一泓救旱灌田的西湖水尚聊以自慰。

这"一湖水"养育了杭州人民,而这"一湖水"的水质当然也是这次西湖综合保护工程中的重点。

2003年起,随着西湖综合保护工程的推进,西湖基本恢复到明成化年间杨孟瑛疏浚后的规模。

西湖是一个封闭型的浅水湖,水体自净能力较弱,湖水易枯竭、变质。自20世纪50年代以来,因沿岸生产生活污水影响,西湖渐成富营养化湖泊,污染严重。为改善西湖水质,提高水体自净能力,从20世纪七八十年代起,西湖水域综合保护与整治工程就陆续开展,并取得一定成效。西湖综保工程开展后,对西湖水质的提升更被视为重中之重。

提升西湖水质,除了截污纳管解决沿湖污水排放问题和清理野蛮生长的水生植物外,更为关键的是要引入源头活水——引钱塘江的水进入西湖,以起到净化更新的作用。

2003年9月27日,习近平同志赴西湖综合保护工程施工现场考察工程建设情况。他指出,水是西湖的命根子,历朝历代整治西湖,都重在水上做文章。我们一定要高度重视西湖的水环境问题。近年来,通过引水入湖、疏浚底泥、截污纳管和农业面源污染治理等措施,西湖水质发生了很大变化。特别是引钱塘江水入湖,对于改善西湖及城区水质和水环境,将起到积极的作用。这方面还要深入进行研究,不断完善措施。[①]

市领导虞荣仁、于辉达、王建满、顾树森、于跃敏、张鸿建、吴键、

[①] 习近平:《干在实处 走在前列——推进浙江新发展的思考与实践》,中共中央党校出版社,2006年,第479至480页。

林振国、金胜山、项勤、杨戍标、马时雍等参加考察活动。

西湖水面扩大了，但钱塘江的引水却年复一年地减少。1986年西湖引水工程竣工时，每年可引水天数（指钱塘江水透明度大于70厘米时）超过200天。到2002年，可引水天数已不足60天，有的年份仅为20多天。

为了能使西湖水做到一月一换，杭州市西湖水域管理处承担了西湖水环境综合保护引水主体（配水）工程。这个管理处的党委书记、主任恰好有一个与水密切相关的名字：丁水根。看来，这活儿给他应该是没错了！

工程的主要内容是改建原先闸口的引水泵站，把引水口再向江心延伸，更换老旧的引水泵和配套设施；在江洋畈新建一座日处理30万立方米的预处理厂；扩建赤山埠水厂，增加每日10万立方米的出水量，配给新开挖的浴鹄湾、乌龟潭、茅家埠三处湖面；然后，再新建一个泵站，在原有的引水管道中每天引2万立方米的水到长桥溪生态公园，以改善西湖东部水质。

工程量不可谓不大啊！2003年9月10日，经过五个多月的奋战，投资8000多万元的西湖水环境综合保护引水主体（配水）工程终于竣工了，每天可向西湖引水40万立方米，做到西湖水一月一换。

丁水根以为可以松一口气了，但没想到，事情还真没那么简单——

就在这年9月下旬的一天，江洋畈预处理厂突然报告说：厂里的全部四台吸泥行车不能行走了，预处理厂只好停工了！

江洋畈预处理厂的作用是将钱塘江水用引水泵先抽进来，然后在池内加药、混合、絮凝、沉淀，等江水透明度达到120厘米时再引入西湖。现在这个工序出了问题，已严重影响到西湖引水。

9月份正是西湖藻类极易生长繁殖的季节，再加上又临近"十一"黄金周，西湖引水可是绝对不能停的！

第三章 序曲：西湖综合保护工程

一泓碧水

丁水根火急火燎地赶到现场询问原因，原来，此时正值农历八月十八的大潮季节，滚滚潮水来"捣乱"，使得江水含沙量倍增，吸泥行车来不及吸泥，泥沙在池底沉积得越来越多，行车就走不动趴窝了。

西湖引水的实时数据每天都要报市委、市政府主要领导，丁水根这下可真急坏了。他赶紧让人拿来齐胸的雨裤，准备下到池里去勘探。没想到，此时连时任分管副市长项勤也被惊动，赶到了现场。他问明了情况后，说也要下去看看。丁水根说只有两套齐胸雨裤，我和预处理厂负责人下去就行了。但他坚持要下去。

这样，预处理厂的同志们只好看着"两位领导"换上了也不知合不合身的雨裤，踩着长长的竹梯，下到9米深的蓄水池底。

项勤走在前面，丁水根跟在后面，脚刚踩到池底，浓稠的泥浆已经挤到胸口，压迫得胸口发闷。"项副市长，您小心！小心！"丁水根口里不停地叮咛，还好池底沙多泥少，不是很滑，不然滑倒了那可就"因公殉职"了。丁水根提着一颗心，跟着他在池底慢慢地走了一圈。透过密密的絮凝斜管，还是能够看清楚池底的情况，估计泥沙在池底沉积已有 1 米多深。

随后立即召开现场会议，要求连夜解决三个问题：一是马上组织力量往沉沙池中注水，冲稀砂浆，尽快抽尽泥沙；二是要求设备厂家更换吸泥口，调整行车时速，提高吸沙能力；三是引水泵站和预处理厂要密切配合，大潮汐时应暂停引水，潮水一过江水含沙量减少后立即引水。

当夜，预处理厂的所有人都在加班，一直到凌晨 4 点多，抽干了四个池的泥沙，换上新的吸泥口，调整了行车时速，到早上 6 点多，引水泵站和预处理厂终于正常工作了。到了中午，清澈的水流又源源不断地流入了西湖。

这一湖水，就这么静静地、无声无息地流淌着，它在等待，等待一个时刻的来临。

第四章 历程:"十年磨一剑"

第四章 历程:"十年磨一剑"

关于西湖申遗,有一个最通行的说法叫:十年磨一剑。从2001年,杭州市围绕"保护西湖、申报世遗"目标,提出"保护第一、生态优先,传承历史、突出文化,以民为本、为民谋利,整体规划、分步实施"的原则,以西湖"申遗"为主要任务的西湖综合保护工程正式启动实施,到2011年6月24日,在巴黎会议上正式通过"杭州西湖"文化景观列入世界遗产名录,刚好是10个年头。

"十年磨一剑"只是一个用来比喻的形象说法,并不是专指的"十年"时间。事实上,提出"西湖申遗"要远远早于2001年的西湖综合保护工程。

1982年,杭州和西湖双双第一批进入国家级历史文化名城和国家重点风景名胜区行列。然而,随着武陵源、九寨沟、泰山、黄山、庐山、苏州园林等相继进入《世界遗产名录》,西湖申遗项目也牵动了众人的心。早在20世纪80年代,有识之士就纷纷提出了西湖申遗的建议,而真正从组织上落实西湖申遗也早在1999年。

我们要替西湖"申遗"的历程梳理出一个时间表:

1999年10月,杭州市委、市政府决定申报西湖为世界遗产,申遗工作正式启动；

2000年，杭州市政府把西湖申遗工作写入《政府工作报告》；

2002年，杭州市调整西湖风景名胜区管理体制，成立了西湖风景名胜区管委会，对西湖实行统一保护管理，并实施了西湖综合保护工程，使西湖的生态环境、文化遗存得到有效的保护和改善；

2006年，西湖被列入中国世界文化遗产预备名单；

2007年10月，杭州市委办公厅、杭州市政府办公厅发布《关于杭州市西湖申报世界自然与文化遗产领导小组更名及组成人员调整的通知》，宣布成立了由市委书记、市长任组长的西湖申遗领导小组，并设立了申遗领导小组办公室，制定了西湖申遗三年行动计划，开展了文本及规划编制、专项法规制订、景观及文物修缮整治、考古发掘、展示中心建设、监测管理信息平台建设、档案收集、宣传普及等一系列工作，同时，成立了西湖申遗专家组，聘请了国内一批权威专家作为顾问；

2008年8月，经浙江省人民政府致函提请，西湖作为正式申报项目由国家文物局报中国联合国教科文组织全国委员会核准；

2009年2月，有关方面向联合国教科文组织世界遗产中心递交了西湖申遗文本及保护规划纲要，之后又根据世界遗产中心的要求，对申遗文本及保护规划纲要作了修改完善；

2010年2月，有关方面再次向世界遗产中心递交了西湖申遗文本及保护规划纲要，通过了初审；

2010年9月，国际古迹遗址理事会委派专家到杭州对西湖申报项目进行实地评估考察；

2011年5月，世界遗产中心公布了国际古迹遗址理事会对西湖申报项目的评估意见；

2011年6月，第35届世界遗产大会对西湖申报项目进行审议表决，西湖申遗最终取得成功。

大事年表自然是提纲挈领的，而这十几年的艰辛和努力就蕴藏在这"提纲挈领"中。"十年磨一剑"，由于这是杭州历史上的第一次"申遗"，所有的一切都是陌生和崭新的，"这把剑"磨得可真有些辛苦！

现在，就让我们展开这"磨剑"的画卷吧——

1. 在等待中摸索，在摸索中等待

西湖申遗在真正启动之前还经历了一个"等待期"和"摸索期"。

1985年，中国正式加入了《保护世界文化和自然遗产公约》，成为缔约国。紧接着，国家层面就开始制订申报计划。当时主抓这项工作的还是建设部，国家文物局起到配合作用。建设部对全国范围内的备选遗产进行了一次摸底，然后准备了一份预备申报的名单，作为历史上享有盛誉的首批国家级风景名胜区，杭州西湖当然也名列其中。

罗哲文、郑孝燮等泰斗级的专家都提名西湖，当时的建设部副部长戴念慈是江苏无锡人，对邻近的杭州西湖比较了解，也力推西湖。但是，无论是罗哲文、郑孝燮还是戴念慈都感到棘手的是如何定位与表述西湖。"说它是文物呢？园林呢？还是自然景观呢？要说自然遗产，你有珍稀动物呢还是有原始森林？显然不行。西湖既不像故宫、长城那样有突出的文物价值，也不像九寨沟、张家界那样以自然原始风貌独树一帜。"陈文锦说，"缺乏一个精准的论述，这一直是困扰西湖申遗的一个最主要的问题。"

所谓的可意会而不可言传，自然是中国哲学、中国式审美中的上层境界，但问题是，你要去申遗，就必须向世界去"言传"。可要言传，又如何用符合国际语境的话语去言传呢？

尽管存在着这样一个巨大的障碍，但大家都没有太多地意识到，相反地，都还信心满满。随着1987年中国报送的6个项目全部申遗成功，许多人对申遗的难度也估量不足。

"当时，我们都很乐观，以为等着等着总能轮到西湖的，根本没想到要去做任何的努力。"陈文锦笑着说，他把1987年到1997年这整整十年称为"等待期"。

长剑已经在手，却没有想到要去磨剑。

申遗当然不能守株待兔了。就在这十年的等待中，申遗的门槛越来越高，申遗的难度越来越大。

我们在盲目的乐观中等待，而周边的省份却捷报频传：安徽黄山、江西庐山和苏州园林均已成功申遗。国内有些省份已有两个"金蛋"在手，而素称历史文化之邦、文物大省的浙江却还没有实现"零的突破"，这实在是令人尴尬并让人焦虑。

1997年，当时的杭州市委书记李金明、市长王永明提出了西湖申遗的目标，算是我们第一次意识到，这把剑该磨一磨了。

此时，国家政策也在发生着调整：随着1998年国家机关的机构改革，为了更好地界定申遗的不同职责，中央决定由建设部负责自然遗产、自然与文化双遗产的申报工作，由国家文物局负责文化遗产的申报工作。

1999年的冬天，陈文锦和省市文物领域的有关同志赶赴北京，去国家文物局拜会。可是不巧，这一天正好国家文物局的全体人员都去了通州区搞整训。他们租了三四辆小车就往通州区赶。那个时候的出租车还没有导航,这一路过去,摸着黑寻找,赶到那个宾馆已经是晚上8点了,也不敢耽搁,马上四处找人,汇报的汇报,沟通的沟通。等到办完事从那家宾馆里出来,已经过了晚上9点半,这一大拨人又冷又饿,在通州区的街头瑟瑟发抖,好不容易找到一家小酒馆,才算吃上晚饭。

而在这个时候,浙江省内对是否应该把西湖作为申遗的突破口又起了争议。问题是面对的东西实在太多,方方面面的意见也实在太多。那段时期可称为痛苦的"摸索期"。但是不管怎样,总想在摸索中有所突破吧!

2001年8月,国家文物局文物保护司副司长兼世界遗产处处长郭旃受邀来浙江考察。当时,作为国家文物局负责申遗的领导,每到一处考察,当地政府都是十分重视的。但他自言对浙江列入预备清单的各单位情况不熟,如果接待的领导问起浙江申遗应从何处入手,不好贸然作答。陈文锦与黄滋就以个人的名义发出邀请。

郭旃一下飞机,当即被他们拉上一辆小车,开始了从北到南的大巡游。一行三人先去了浙江各地市的名胜古迹,在最后的一天半时间里,又拉上当时的杭州市园文局文物处处长周建平,一起集中考察西湖。

"不跑热门景点,我们带着他到处爬山,南高峰、北高峰、宝石山,想让他看到西湖的全貌,对西湖有一个整体的印象和认识。然后,一边看一边议,讨论西湖从什么角度申报世界遗产。"

郭旃是河南人,在内蒙古插队,然后考上了北京大学,进了国家文物局,他对南方的文化相对比较陌生,但这一趟下来,对西湖还是留下了深刻的印象。他透露了两个申遗的"原则":不能体量太小,不能是看不见的。有了这两条,把西湖确立为浙江申遗的突破口就毋庸置疑了!

此行后不久，国家文物局正式将西湖申遗列入工作日程。

"时隔多年，我至今仍非常感激郭旃同志。因为当时的情况，申遗的主要目光对准的是大体量的文物建筑群或者风景名胜区中的名山大川，而像西湖这样一直游走在风景与文物之间的类型，很难进入业界的法眼。他同意把西湖从冷冰冰的预备清单中拿出来，放进工作日程，这自然提升了我们的信心，为日后的工作打开了一条道路。"

西湖申遗的成功，有很多人值得我们感激，国家文物局原局长单霁翔也是其中一位。

单霁翔是清华大学建筑规划的工科博士出身，视角和理念更为开阔，作风也更为民主、务实。而且，他是江苏江宁人，对于周边的浙江以及杭州比较熟悉，力主西湖申遗。

单霁翔对西湖的评价相当高，他说，西湖是一种文化，是千古相承的文化遗产，是人与自然和谐共生的文化景观。大而言之，西湖更是一种文化空间，她的湖光山色与名胜古迹、诗词曲艺这些物质及非物质的文化遗产相互融合，共同构成了凝聚着人类智慧和情感而又浑然天成的西湖文化空间。这就是西湖无与伦比的文化特质，也是申报文化遗产的优势条件。

而全力以赴支持西湖申遗，也逐渐成了浙江省内的共识。在杭州西湖申遗的历程中，既得到了省委、省政府的高度重视和支持，也得到了省级各部门和省内各兄弟市的配合和支持。

尽管如此，"摸索"却仍在继续，要看杭州市的具体作为了——

2. 拔剑四顾心茫然

1999年10月，杭州市委、市政府决定申报西湖为世界遗产，开始正式启动西湖"申遗"。尽管组织机构搭建起来了，但大家对"申遗"究竟是怎么回事、申遗的规则和流程、申遗的标准和应用等一系列的问题都还是陌生和茫然的。一切都在低调进行。

如何破题呢？自己搞不太懂，当然得借助"外脑"，虚心学习了——

这一年的11月，在杭州金溪山庄专门召开了一次"西湖申报世界遗产工作专家咨询会"，专题研究和探讨西湖申遗的有关工作。当时的杭州市代市长仇保兴亲自主持了这次会议。

金溪山庄地处西山路，是西湖边上唯一一家四周湖水环绕的高档酒店，举目即是西湖十景之一的曲院风荷，又毗邻杭州花圃。山庄的建筑品味不仅保持了中国建筑精致典雅的江南风格，还注入了现代气息，较他处别有

金溪山庄

风情。在未来的日子里，与西湖申遗相关的许多重大事件都发生在这里，可以说，这座金溪山庄见证了西湖申遗的过程。

邀请来金溪山庄参会的专家绝对称得上是重量级的，看看他们的头衔就知道了——中国联合国教科文组织全国委员会副主席、全国历史文化名城保护专家委员会副主任、国家文物局古建筑专家组组长、建设部风景名胜专家顾问罗哲文；全国历史文化名城保护专家委员会委员、建设部风景名胜专家顾问、中国风景园林学会副理事长、北京大学世界遗产研究中心主任谢凝高；建设部风景名胜专家顾问、清华大学建筑学院教授周维权；中国建筑学会建筑史学分会会长、中国社会科学院研究员杨鸿勋；建设部城建司风景名胜处处长李如生……

西湖第一次迎来了这么一批尊贵的客人对她进行"评头论足"。与会的专家学者从各自的角度对西湖的申报工作提出了中肯的意见和建议。

会议结束后的次月，西湖申报世界遗产工作领导小组召开了全体成员会议，对专家咨询会的内容进行"消化"，并根据专家们的意见，着重就申报预备清单的修改、申报地域范围的确定、基础材料调查等一些具体问题进行了讨论，取得了初步共识。

大家的心里明朗起来。

经营城市，一个重要的方面就是要树立城市的良好形象，以形象产生吸引力。而杭州的形象，落实到具体平台上，就是西湖。在中国，有湖的城市很多，但真正融入城市文化核心的，却只有杭州的西湖。就是在世界上，"湖在城中、城在园中"的城市，也不多见。日内瓦莱蒙湖周围的山上树很少；威尼斯说是水城，却缺乏西湖的灵气。"像杭州这样的风景旅游城市在世界上可是不多的，要把杭州的旅游业好好发展起来。"改革开放的总设计师邓小平慧眼识珠，早就为我们指引了一条道路。现在，我们就要以西湖申遗为引导，在这条道路上闯出一片新天地！

如果把申遗比作一部合奏曲，那么，至此声部也开始高了起来——

2000年2月，杭州市政府第一次在杭州市人民代表大会上提出了西湖申遗，这就意味着：西湖申遗这个战略目标已经郑重其事地成为杭州市政府向市民的承诺，杭州将发起世界遗产申报的"零的突破"！

与此同时，借助"外脑"的工作仍在继续：

美国哈佛大学设计学院前院长、国际规划建筑师协会主席卡尔·施坦尼茨教授领衔，由一位浙江衢州籍助教负责牵线，进行西湖申遗规划文本的调研和起草工作。来自哈佛大学的专家学者们经过对西湖风景区十天的考察，8月31日向有关部门反馈了初步意见。

通过深入细致的考察，比较以往的文史资料，同时结合中国专家的意见，哈佛大学的专家就西湖申报世界遗产的规划提出了许多新的看法。卡尔·施坦尼茨教授认为，因为申报世界遗产的要求十分苛刻，所以对西湖的申报范围还需作更进一步的探讨。例如西湖十景以其文化内涵深邃，历史意境幽远，景观特色鲜明，比较容易通过联合国的考察。而杭州的专家则提出，西湖以自然山水与历史文化的完美结合而闻名天下，仅仅注重围绕十景进行规划则会损坏西湖的特色，毕竟六和塔、灵隐寺等都不在十景之列，却又是西湖不可分割的部分，所以希望哈佛专家在设计规划时还需考虑杭州的整体特色。

哈佛大学东亚文化系主任、美国著名中国文化、历史研究学者彼得·波尔通过演示"双峰插云"景点从古至今的图片和文字资料，提出了一个新颖的观点——"双峰插云"的逐渐湮灭是因为周围的树长得太茂盛了，所以对于一些景区周围的树木该修剪的还是应该修剪。另外他还提出可以通过建水上公园的方式，既增加西湖景观又巧妙地解决入湖溪水的净化问题。

会上，外方专家也指出了杭州发展旅游的三个不足——没有游客服务中心，没有景点信息中心，没有网页宣传，所以国际上对西湖的文化、历史、景观的概念并不清晰，对发展国外客源相当不利。哈佛专家表示，他们已经从历史文化、视觉审美、旅游发展、生态学、房地产发展等角度对杭州各个景点作了深入的调查研究，所以初步的规划方案会在11月出炉，然后通过与中方专家的共同修改，最终申遗规划将在2001年3月全部定稿。

有了哈佛专家的承诺，看起来很美。于是，西湖申报世界遗产工作领导小组就申报名称、申报范围、申报种类等专题向杭州市政府作了请示，决定将申报名称定为"西湖风景名胜区"，将申报范围定为"以西湖风景名胜区范围为主，东山弄小区、玉皇山陶瓷品市场一带暂时不列入申报范围"，申报种类最终确定为世界自然与文化双遗产。

申报名称和申报范围都没有异议，问题是申报种类：有人认为，西湖毕竟是一个自然湖泊，它当然应该申报世界自然遗产；也有人认为，西湖的价值更在于它的文化性和人文性，所以应当申报世界文化遗产；更有人认为，西湖其实是凝聚着自然与人文的双重价值，就像泰山首开"双遗产"纪录一样，西湖也应该申报世界自然与文化双遗产！

可以说，这种争议一直持续了很久，这也使得初期的申遗工作事实上处于一种"靶的"目标都不明确的状态下。这一时期被称为"拔剑四顾心茫然"的阶段。

因为有史以来的第一次申遗,心里难免会有茫然,但"剑"毕竟已经"拔出了一截",一切仍在缓慢地推进:

2001年3月,美国哈佛大学在编制西湖申报世界遗产规划的同时,完成了西湖申报世界遗产的文本初稿。

对于这个各方面寄予厚望的申遗文稿,各方面却都并不满意。虽然提出了以"天人合一"的概念来诠释西湖的思路,但仅此一端,过于泛泛而谈,无法说透西湖现象。劳师远征,既不能得到国家文物局主管部门的强力支持,又无法得到本地学者的积极配合,当然无法深化。

这个西湖"申遗"文案,最欠缺的是一种创造性的结构,可以像只手一样把西湖的文化性整体"拎"出来,而不仅仅是把诸如灵隐寺、岳庙等历史遗迹简单地罗列一下。事实上,哈佛的专家们尽管具有世界语境和国际通行的话语体系,但要真正体现西湖的文化性,尤其是把握西湖博大精深的文脉,看来还真不是一朝一夕之功了。

原本以为"外来和尚好念经",但西湖这卷"经"实在太过深奥,"外来和尚"也念不了。哈佛文本后来事实上是"无疾而终",不了了之。

但从1999年开始的这些努力,还是让主管世界文化遗产申报工作的国家文物局感受到了浙江省、杭州市对西湖申遗的热情和决心。

2001年11月,《西湖风景名胜区总体规划》修编完成,并通过了专家论证。《西湖风景名胜区总体规划》非常重要,它既是规范西湖风景名胜区管理的需要,也是西湖风景名胜区申报世界遗产工作的重要组成部分。

与此同时,杭州的规划部门把对西湖景观进行系统研究和整体控制的工作提上日程。当时的市规划院信息中心建立了一个环西湖的景观模型,运用科技手段对西湖进行景观风貌的分析和科学的管控。这为进一步编制相关规划奠定了基础。

2002年10月4日,《杭州日报》又在头版显著位置以《西湖申遗整治规划编成》为题发表了一篇报道:

> 记者从西湖风景名胜区管委会获悉,作为西湖申遗工作的重要一环,《西湖申报世界文化景观遗产整治规划》已于日前编制完成,并通过有关专家的论证。
>
> 根据《西湖申报世界文化景观遗产整治规划》,我市将控制西湖建筑总量,只减不增,逐步把遗产申报范围内的建筑用地面积总量控制在总面积的5%以内;同时控制西湖风景区内的人口,制定5—10年控制人口增长率的刚性指标和零增长率、负增长率的最迟起始年限,逐步使遗产申报范围内的常住人口达到并控制在1万人以内;进一步实施溪流水源整治,使西湖水质透明度年平均达到0.7米以上。此外,规划还对平衡游客分布状态,控制机动车交通流量,整治电力、通信、广告、商业设施等作了详细整治方案。

报道的字数虽然不多,但涵盖的内容其实已是方方面面,如果我们足够敏感的话,其实,从这篇报道中已经能够看出一个呼之欲出的西湖综合保护工程的大概了。

就在这篇报道见报后的十几天,又传来一个大好消息:杭州荣获"国际花园城市"称号!

"国际花园城市"竞赛活动,英文名为 The International Awards For

Liveable Communities，又称"全球最适宜居住城市国际大奖"，是全球唯一涵盖城市与社区环境管理、生态建设、资源利用、人与自然、可持续发展等重要议题的国际竞赛，也是世界城市建设与人居环境领域的最高荣誉之一，被誉为"绿色奥斯卡"。申报代表团团长、时任杭州市委副书记的叶明更是骄傲地告诉大家：杭州是以"五A"的最高成绩获得这一荣誉的！

"国际花园城市"称号的获得是杭州在国际化进程中迈出的重要一步，也为西湖申遗注入了经验和动力。

与此同时，与国内外专家的互动也变得更加频繁了，全国人大常委、省名胜保护委员会主任委员毛昭晰，原杭州市委书记厉德馨，省文物局副局长陈文锦，原市政协副主席卜昭晖，省古建筑设计研究院副院长张书恒，浙江大学历史系教授阙维民，原市人大城建工委主任徐通，市城市科学研究会秘书长陈洁行，原市规划设计院总工吴兆申……这些在杭的专家自然是管委会的座上宾了，而外地的专家学者也经常被邀请到杭州来为西湖"把脉"，罗哲文、谢凝高、郭旃等权威人士更是被聘为杭州西湖申报世界遗产工作顾问。各种意见和建议被即时地反馈到领导小组那儿。

一种普遍的意见开始形成：西湖作为世界上数以亿计的湖泊之一，其"自然遗产"的特性（自然的稀缺性）并不是很突出；既然如此，若申报世界自然与文化遗产就更加无望，而且，在三大类世界遗产中，"自然与文化双遗产"事实上是要求最严、门槛最高的，我们有必要去挑战最高，"知难而上"吗？

申遗领导小组向市委、市政府汇报了专家的意见和自己的想法，认为应"改弦易辙"。杭州市委、市政府同意并支持了这种务实的想法，于是，西湖申遗的"靶的"又被确定为"世界文化遗产"。

这样的目标，大家似乎觉得更有把握。但是，各路"会诊"的专家却还是觉得把握不大。

国际古迹遗址理事会副会长、中国古迹遗址保护协会副主席兼秘书长郭旃对西湖申遗颇为热心，已经多次应邀来西湖帮助开展申遗工作。在一次考察了西湖区的龙井茶园后，他提出了又一个大胆的设想：把"龙井茶"与"西湖"并列，以"杭州西湖—龙井茶"的名义申报世界文化遗产。他的理由是：西湖作为文化遗产申报，内容还显"单薄"；而龙井茶作为一种国际上享有盛誉的茶饮，可以起到补缺、助力的作用。更何况，在已经列入的世界遗产名录中还没有茶文化方面的内容。所以，他认为充分挖掘西湖龙井茶这个宝贵资源，是西湖"申遗"的差异性战略和独特性"卖点"，是西湖"申遗"的制胜"法宝"。

可西湖风景名胜区管委会的绝大多数同志心里并不太认同把"龙井茶"与"西湖"并列的方案，每一个老杭州人都清楚：龙井茶只是西湖文化的一部分，怎么能跟作为"母体"的西湖并列呢？但是，郭旃是中国申遗方面最权威的专家，也是国际古迹遗址理事会的副会长，他出于帮助西湖申遗的拳拳之心，对这个意见不能不予以充分的重视。事实上，它也确实作为一个新的路径被实施了：

2003年12月9日，浙江省文物局代表省政府公布了浙江新报列入"世界遗产预备清单"的6处历史遗迹。浙江省应国家文物局对之前列入"世界遗产预备清单"的各个历史遗迹进行清理的要求，重新整理上报了6处历史遗迹，其中在"西湖"这一项中，龙井茶也被列入申遗内容——事实上，在此之前"杭州西湖—龙井茶"申报文本已经正式完稿，由杭州市政府上报给了浙江省政府。

其他的5处历史遗迹分别是：浙北水乡三古镇（乌镇、塘栖、南浔），旨在展现江南水乡文化，这三处古镇刚刚荣获2003年度联合国教科文组织亚太地区文化遗产保护奖；良渚遗址，被誉为中华文明的曙光，但目前在"申遗"途上遭遇的困难是，如何让游客看到其大量被埋在地下的文化遗存；浙江古代青瓷窑址，和浙北水乡三古镇的申遗方式相同，属于"拼盘"式，包括上虞、慈溪、龙泉、杭州四处"青瓷"要地；浙南廊桥，我国廊桥主要分布在浙闽两省山区，泰顺一个地区的廊桥申遗分量不足，所以联合了庆元、景宁两地的廊桥组成"浙南廊桥"进行整体申报；宁波海上丝绸之路，宁波是我国古代东部"海上丝绸之路"始发港之一。

至此，"杭州西湖—龙井茶"作为遗产申报名称似乎已经铁板钉钉。然而，杭州人尤其是名胜区的同志总觉得有些心有不甘，尤其是将西湖与那些"拼盘"放在一起，更让他们觉得愧疚。倒并不是轻视其他县市的同行，但个中价值孰轻孰重，实在是不可同日而语的。《都市快报》的记者陈奕不无情绪化地在新闻的导语中写道："由一开始申报'世界文化和自然双重遗产'，到后来仅仅申报'世界文化遗产'，西湖在'申遗'路上已走了四年多，至今依然在努力着……"

"欲渡黄河冰塞川，将登太行雪满山。"

拔剑四顾啊，拔剑四顾！

3. 西湖申遗走上快车道

西湖的第一朵荷花开了。

这是2004年5月30日杭州电视台都市报道的头条新闻，主持人建议市民到西泠桥边，把荷花一天天长大的过程拍下来。

也是在这一天，杭州影响力颇大的《都市快报》的头版上也有一篇报道，标题就是《第一朵荷花开了》。

杭州的市花是桂花，当然，孤山的梅花也挺有名，但最能体现西湖韵致的恐怕还是荷花。"毕竟西湖六月中，风光不与四时同。接天莲叶无穷碧，映日荷花别样红。"南宋诗人杨万里的一首《晓出净慈寺送林子方》，把荷花与西湖写得深入人心。每年的夏天，第一朵荷花引来的欢欣，几乎都可以被列入西湖的大事记了。

不知道还有哪个城市会把荷花的消息放在新闻头条？

杭州会。这是一种对美的希冀和对美的感悟。这是西湖培养起来的调性。

盖叫天故居

就在这朵荷花绽开前的一些日子，2004年5月11日，西湖综合保护工程所展示的新西湖画卷已经徐徐展开。

这一天的下午，盈盈碧水环绕中的盖叫天故居里，走进了一位个子高大的老外。他手握相机缓步赏景，外表看似很普通，不过他的身份却非同一般。他就是联合国教科文组织世界遗产中心主任弗朗西斯·班德林先生。

世界遗产中心也即世界遗产委员会下属的"公约执行秘书处",它是接受各国申报遗产材料的第一个窗口。这当然也是班德林先生平生第一次踏上杭州的土地。

在游览完盖叫天故居后,一艘古朴清雅的游船载着他,沿着茅乡古道边的水域缓缓行驶。这一年的6月底7月初,联合国教科文组织第28届世界遗产大会将在苏州举行,班德林先生此次是专程来考察主办地的准备工作的。因为工作关系,他早就获知杭州西湖已被列入世界遗产预备清单,于是结束了苏州的工作后,他便风尘仆仆地专程赶到西湖。

从浙江博物馆内厚重的历史陈迹,到盖叫天故居里充满东方气息的建筑;从西湖里一座座树影婆娑的小岛,到湖畔沉静典雅的雷峰塔……短短半天时间内,杭州古城的神韵和西湖千年的风姿,让班德林先生赞叹不已。他由衷地说,西湖的自然景观和人文积淀极为难得,更让人钦佩的是,西湖的保护状况非常好,可见本地政府部门的管理水平不错。凝望着西湖远处群山,班德林先生侧身告诉西湖风景名胜区管委会的工作人员:"西湖真是一个让人静下心来沉思的好地方。"

那么,杭州还欠缺些什么呢?作为"申遗"权威专家,班德林先生提出了两点个人想法:一是适当控制游客数量,他认为过多的游人将给西湖环境带来负面影响;二是西湖一定要有自己的特色。此外,班德林先生还建议杭州,借在苏州举办世界遗产大会的机遇,邀请与会代表来杭州真实地感受西湖之美,提高西湖的知名度。

班德林的建议和郭司长的安排不谋而合。郭司长是一个实心人,回北京后他始终没有忘记西湖申遗的事。为了慎重起见,他建议先在国际古迹遗址理事会找一个文化景观的专家,以个人身份来考察一下。于是,就在班德林离开后不久，2004年7月，在郭司长的安排下，当时的国际古迹遗址理事会协调员尤嘎·尤基莱特先生，在苏州参加完第28届世界遗产大会之后，以个人的名义应邀来到了西湖。

尤嘎曾先后三次来过中国，为武夷山、苏州园林、明清皇陵三个备选的遗产地撰写正式推荐报告，均获高票通过，是一位国际知名的资深世界遗产专家。他在杭州仔细考察了西湖的方方面面后说：

"来杭州之前，我并不看好西湖申遗的优势。因为在我的祖国芬兰，有180多个风景优美的湖泊。考察之后，我觉得西湖很有特点，不是一般的风景优美，而是体现了人、自然、文化三者完美的结合。很好，我支持它申遗！"

"现在世界上有700多处世界遗产，中国有30处，拟申报单位应尽量避免和已有的遗产在类型上、价值评估上重复，才能加快进程，这也是申遗

浙江博物馆

的一个技巧问题。"

"你们说西湖在中国历史上曾经产生过重大影响,一定要有说服力的例证,这是很重要的。文本放不下,可以有附件。关键是要向世界证明你对于历史、对于周边地区、对于世界的影响,说明遗产的历史、文化、哲学价值,一定要用联系的、比较的逻辑来证明遗产的普遍价值。在文本上要有令人信服的表述。"

尤嘎·尤基莱特离开杭州后,还正式向国家文物局负责世界遗产工作的领导阐述了他对西湖的观感,以及表达了他本人对西湖申遗的支持。他甚至直言,西湖申遗很有希望!

这样肯定的口气,甚至让国家文物局的领导都感到有些意外。从这时起,西湖申遗才实质性地纳入国家文物局的工作日程。

而杭州方面的努力还在继续,继班德林、尤嘎·尤基莱特之后,国际美学学会主席阿诺德·伯利恩特、联合国教科文组织文化助理总干事莫尼尔·布切纳吉、中国联合国教科文组织全国委员会副秘书长杜越等重量级人物也都对西湖进行了考察,并对西湖申遗提出了建设性的意见。

而在苏州召开的世遗大会,事实上还作出了一项对西湖申遗颇有帮助的决定——

就在苏州会议召开后不久,2004年7月24日上午,"中国杭州"政府门户网站与12345市长公开电话联合举行了一次网上接待活动,西湖风景名胜区管委会负责人作为首席接待人,在线上与网友一起,共同探讨"西湖的保护与发展"。在这样一次网上访谈中,西湖申遗自然是大家关注的焦点,市旅委的何俊民就急切地问道:西湖申遗的准备工作进展如何?西湖申遗成功的希望究竟有多大?

2002年9月，杭州市完成了西湖申报世界遗产的文本已上报省政府；次年9月，又进行了再次调整修改，使之与西湖风景名胜区总体规划更加匹配。

"根据2000年在澳大利亚召开的第24届世界遗产委员会会议上作出的《凯恩斯决议》，每个缔约国一年只能申报一项世界遗产。我国目前进入世界遗产预备清单的遗产地已有120余处，因而西湖作为文化景观遗产按顺序申报时间会较长。但是，最近在苏州召开的第28届遗产大会通过了新的《凯恩斯决议》，将一国一年只能申报一项修改为容许一国提名两项世界遗产（其中一项必须是自然遗产项目），这将大大加快西湖申报世界遗产的步伐。"

这一段话，当然给西湖申遗又注入了一支"兴奋剂"。一时间，申遗的话题在线上、线下再度成为杭州的焦点，人们纷纷猜测：在我国的世界遗产预备清单上，西湖究竟排到了第几位？人们翘首以盼：西湖能不能"弯道超车"？

2005年10月，杭州西湖作为预备清单单位之一被邀请参加在西安召开的"国际古迹理事会（ICOMOS）第15届大会，并在会议的专刊上刊登了杭州西湖的专页，对"杭州西湖·龙井茶"申报世界遗产作了宣传。为提升研究西湖的深度和广度，给"申遗"提供扎实的史料基础，结合西湖博物馆的开放，还组建成立了"西湖学研究院"，组织开展西湖学研究，负责西湖史料的整理和编纂工作。

西湖申遗，似乎在加速了！

而真正让西湖申遗走上快车道的还有几位老人。

2006年4月，周干峙、郑孝燮、罗哲文、谢凝高4位德高望重的老专家共同联名写信给当时的浙江省委书记习近平同志，建议浙江省优先选择西湖申报世界遗产。

——来看看他们的身份：

周干峙，中国科学院院士，中国工程院院士，清华大学教授、博士生导师，长期从事城市规划设计和政策制定工作；

郑孝燮，国家历史文化名城保护专家委员会副主任委员，城市规划专家，设置中国历史文化名城主要倡议人之一；

罗哲文，中国古建筑学家，国家文物局古建筑专家组组长，原中国文物研究所所长，中国人民政治协商会议第六、七、八届全国委员会委员；

谢凝高，北京大学世界遗产研究中心主任，博士生导师，兼任中国风景园林学会副理事长、中国城市规划学会风景环境规划设计学术委员会主任、建设部风景名胜专家顾问、中国历史文化名城保护委员会委员。

这样四位国内顶尖级老专家的联署信件当然引起了浙江省委、省政府的高度重视，省委、省政府对西湖申遗的领导和支持力度进一步加大。

同年9月，国家文物局对原定世界文化遗产预备名单的申报项目进行了重新评估和筛选，杭州西湖进入34个文化遗产预备名单之一——从120多个单位中进入前34强已经是一个非常了不起的进步了！

12月，国家文物局第20次局务会议通过《中国世界文化遗产预备名单》重设目录，杭州西湖·龙井茶园名列其中，西湖申报世界文化遗产又向前迈出了重要的一步！

2007年1月，根据全国世界文化遗产工作会议的要求，杭州西湖·龙井茶园预备名单提交格式表上报国家文物局。

5月，杭州市委办公厅印发《市委办公厅、市政府办公厅关于对市级非常设机构负责人进行调整的通知》，确定杭州西湖申遗领导小组由时任杭州市委副书记、市长蔡奇担任组长，市委副书记叶明、副市长张建庭、浙江省文物局副局长陈文锦任副组长。

申遗领导小组的规格升级了，敏感的人们也一眼看出：西湖申遗已经走上了快车道！

一个月后的 2007 年 6 月 9 日，正是中国第二个文化遗产日。由建设部、文化部、国家文物局联合举办的城市文化国际研讨会暨第二届城市规划国际论坛在北京国际会议中心举行。浙江省委常委、杭州市委书记、市人大常委会主任王国平应邀出席，并与国家历史文化名城专家委员会副主任委员郑孝燮、国家文物局局长单霁翔等专家和领导在城市文化与文化遗产保护论坛上同台演讲，阐释杭州"保护名城、申报世遗"的理念、实践和探索。

9 日下午 2 时 10 分，主持人的邀请声一落，王国平走上演讲台，轻叩手提电脑的键盘，演讲的主题在屏幕上跃然而出——"当好历史文化名城薪火传人——杭州'保护名城、申报世遗'的实践与探索"。他一边敲击着键盘，一边侃侃而谈，讲述着杭州对西湖申遗的理念：保护历史文化遗产就是最大政绩；保护历史文化遗产就是保护生产力；保护和发展"鱼"与"熊掌"可以兼得；保护历史文化遗产人人有责；保护历史文化名城要坚持积极保护。他又如数家珍地介绍了这几年杭州保护西湖、保护历史文化名城的实践，对保护对象、保护规划和风貌管控、保护措施、合理利用及法律责任等都作了详细的说明，并承诺西湖综合保护工程将不断深入，逐年推出"新西湖"，使西湖的环境、西湖的风貌进一步优化，并表示将在国家文物局的指导下，对照世界文化遗产的标准，按照"缺什么、补什么"的原则，进一步加强领导、完善规划、整治环境，为实现中国湖泊申遗"零"的突破，为实现浙江和杭州申遗"零"的突破作出应有的贡献。伴随着一整套具有杭州特色、符合杭州实际的保护理念的亮出，在场的领导和国内外专家学者不时地点头赞许。

在谈到杭州申报世界遗产的探索时，王国平说："近年来，我们坚持把申报世遗作为推动名城保护的重要载体和阶段性目标，围绕'杭州西湖—龙井茶'、良渚遗址、京杭大运河申报世界遗产，进行了积极探索，作出了不懈努力。特别是'杭州西湖—龙井茶'申遗，起步相对较早、工作相对扎实、条件也更加成熟。"在阐述了"杭州西湖—龙井茶"的世界遗产价值后，他说，目前西湖申遗的条件日趋成熟，西湖的世界遗产价值正在被深度发掘，对西湖申遗的认同度不断提高。杭州一定不负众望，竭尽全力做好保护西湖、申报世遗工作。

论坛结束后，国家文物局局长单霁翔、副局长童明康及国家文物局有关方面负责人会见了王国平一行。让大家感到特别欣慰的是，单霁翔局长亲口表示：将大力支持西湖申遗！

这可是杭州从国家文物局那里得到的第一个明确信号。

4. 路在脚下

杭州人陈同滨，中国建设科技集团中国建筑设计研究院总规划师、建筑历史研究所所长，是西湖申遗的一位重要功臣。

2007年10月，她的家里来了4位客人，其中一位是她的老朋友、浙江省文物局的副局长陈文锦。他们是2000年来杭做良渚遗址保护总体规划时认识的——其实，良渚遗址的申遗从某种程度上说比西湖申遗起步得还早，但当时良渚古城还刚刚发现，学术界争议还很大，所以，杭州市在抉择申遗的次序时，还是选择了西湖优先申遗。

同行的还有杭州西湖风景名胜区管委会的3位处长周建平、卓军和杨小茹。在今后的日子里，这3位也将成为与其朝夕相处的亲密战友。

陈所长回忆说，在此之前，陈文锦已经将他的新作《发现西湖》寄给了她，"当时还没有正式出版，寄的是一本手稿复印件，我印象很深，知道杭州西湖也在申报世界遗产"。

此行的目的也确实跟西湖申遗有关，他们受西湖申遗领导小组的委派，希望请中国建筑设计研究院来做西湖申遗的规划。作为中国建筑设计研究院的总规划师，除了良渚遗址的保护规划外，此前陈所长也已经为长城、故宫等世界遗产的保护做了相当成功的规划，在业界声名鹊起，找她来做规划的城市已经排起了长队。但架不住西湖风景名胜区管委会一行直接找到家里来，再说了，那一泓西湖水的情结还萦绕在她心头，对于家乡的委托，她觉得义不容辞。会谈结束，就要离开时，卓军突然拿出厚厚的一沓纸，恳切地说："这个是申遗文本的文稿，我们不满意。现在既然请您来做规划了，是否能请您将申遗文本的任务也接了过去呢？"随后深深地鞠了一躬。她知道，这一鞠躬寄托着家乡父老的厚望，于是没有再说什么，只是默默地接过了那一沓文稿。"拜托了！"——这一声"拜托"，在以后的日子里，一直在她的脑海里回荡。

陈同滨接受任务后，带着文本团队来到杭州。这座江南名城报之以热烈的欢迎，也寄予了极大的希望，当地的一家媒体甚至用《西湖申遗请来陈大师》为题作了兴高采烈的报道："我国受理申遗规划数量最多、通过率最高的申遗大师。""目前，五台山、丝绸之路、杭州良渚……几十个申遗项目规划都挂在陈同滨名下，排着队等着她来打理。"这是一种荣誉，当然也是一份压力，尤其是它来自家乡父老！

"在中国著名的几大审美实体中，西湖排在什么位置？泰山之雄伟、黄山之奇丽、华山之险峻，都是中华民族审美的标杆，就某一个方面的景观特征而言，它们的审美面貌极具个性和特色，可以说超越了西湖，比西湖更高。但是总体上说，能够整体上代表中华民族审美理想和审美精神的，能够系统地、全面地展示中国人审美情趣和爱好的，综合性影响力极大的，却又非西湖莫属。西湖当仁不让地超过了它们。"

陈同滨翻阅着《发现西湖》的手稿，对于杭州的同行们提出的"西湖是中国传统文化在山水美学领域中的经典性代表"的观点十分认同，但问题是怎么样找到正确的表达方式。关键是对西湖遗产的价值研究，这里面包括两个方面：一是如何从"风景西湖"走向"文化西湖"；二是如何在国际语境下用中国文化来讲述西湖价值。

世界遗产名录的建立与动态增删，其实是联合国教科文组织下属的一个NGO（非营利组织）做了几十年的一个项目，这个项目做得非常成功，全球旅行者常常以这个名录为索引，规划一生的重要旅行。

世界遗产大会每年6月召开，大约几十位全球专家投票决定申报遗产的通过与否，而这几十位专家，绝大多数都是在西方文化滋养下长大的。对于世界遗产大会来说，敦煌莫高窟、长城、兵马俑等等，本身就是非常令人震撼的具有强烈辨识度的遗产，提炼、证明其遗产价值可以说只需费吹灰之力，但是西湖的文化遗产价值却是非常难以表达的，西方专家们无法理解"在芬兰有成百上千个类似的湖"的西湖，究竟好在哪里？凭什么能被评上世界遗产？为什么值得被全世界人民知道？

如果不理解中国文化，西湖在外国专家和游人的眼里哪怕再优美，也不过是一片生态环境保存完美的自然湖山，那么，瑞士的日内瓦湖、意大利的马焦雷湖、缅甸的莱茵湖，那里的湖水可能更清，天空可能更蓝……如果仅仅是这样，西湖是够不上遗产高度的。

列入世界遗产名录的名胜都有一个共同特点：它们证明了自身的独特价值和这种价值的人类性——这句话听起来有些拗口，通俗地讲，就是与众不同！所以，我们要告诉世界：西湖的确不一样。

"我们不能指望西方专家主动来'体会理解'西湖的价值。他们没有这个义务。"文本团队试图告诉杭州的申遗团队，"我们必须有能力用三言两语就能阐述清楚自家那个压箱底宝贝的特点。"

而事实上，在此之前陈同滨一直只是规划方面的专家，申遗文本她也从来没有写过。

金溪山庄文印室的几台打印机开始高速运转起来：文本团队成员从相关国际网站上找了大批国外遗产的文本资料，有德国的、法国的、意大利的……光文本打印就打了整整一箱，几台打印机都工作得发烫了。同行的刘剑负责绘图，傅晶负责文字，李敏负责对比分析，各自负责一摊子事忙开了。

这一天，文本团队一行在雷峰塔景区门口碰到了一群大学生，拉着一条横幅，上面写着"传承灿烂文化，呵护美丽西湖——为西湖申遗加油"。十几个大学生在烈日下向游客们散发着传单。不少游客纷纷停下脚步，拿起笔，在横幅上签下了自己的名字。

看到此景，他们真切地感受到了这座城市申遗的力量。

第四章　历程："十年磨一剑"

　　与此同时，2007年11月1日至3日，国际文化遗产权威专家、国际古迹遗址理事会世界遗产顾问苏珊·丹尼尔女士和国际古迹遗址理事会前总协调员亨利·克莱尔先生在国家文物局官员陪同下，专程赴杭州对杭州西湖·龙井茶园文化景观进行考察。

　　两位国际权威专家认为，西湖景区历史悠久，风景优美，完全有能力向世人证明什么是真正的美丽，他们认为"西湖·龙井茶园"是"一处非常独特、很有意思的文化景观"，可以说在全世界已列入的文化遗产中没有与之相似的遗产。

　　这样的评价当然是喜人的，而更让人动心的是他们提出了"文化景观"这样一个概念。文本团队敏锐地捕捉到了这个重要的信息。

2007年11月，苏珊·丹尼尔、亨利·克莱尔考察杭州

"文化景观"是世界遗产组织在"文化遗产"类别中新增的一个项目，它从属于文化遗产，但在参评上又单独立项。"文化景观"是在 1992 年 12 月才被增设，1994 年，新西兰汤加里罗国家公园被世界遗产大会认定为世界文化遗产中的首个"文化景观"，而中国首个列入"文化景观"的遗产是江西庐山。由于增设的时间还不长，对于"文化景观"的标准和界定，国际上还处于探索和发展的阶段。而中国的申遗专家们其实早就开始关注并研究这个新设类别，曾提到过"文化景观"的概念，并建议西湖申遗可以走这条路径。现在，两位国际专家也不约而同地提出了这个概念。文本团队与杭州的专家学者们经过一番讨论，并报申遗领导小组同意后决定采纳这个意见：于是，申报世界文化景观遗产就成了一个确定的"靶的"。

　　2007 年 11 月 15 日，杭州召开西湖申遗专题会议，讨论的焦点仍然是——如何用一两句话来概括西湖的特色，打动外国朋友尤其是世界遗产委员会专家们的心，认同西湖的确是世界罕见的、不可替代的人类财富。

　　会议开得很民主，也很热烈。会上，就有人向身为申遗领导小组组长的王国平提问："如果你要向外国朋友介绍西湖特色，会怎样说？"他不无幽默地说，可以这样介绍：与世界上以自然景观著称的湖泊来比，西湖是人文景观最多的；而与世界上以人文景观著称的湖泊来比，西湖又是自然景观最美的。自然加人文，这是西湖拿出去和人家比的最重的砝码。

　　因为这个特色，就不能光讲西湖的自然山水美，还得从文化上来做文章。杭州有 24 处全国重点文物保护单位、69 处省级文物保护单位，历史文化积淀深厚。但这些中国传统的文化因素，要让有不同文化背景的外国专家能够准确理解，仍然有很大难度。

　　西湖申遗专家提出一个新的观点——西湖是中国传统审美文化的实证

与范例，可以用这样一句"广告语"："西湖是最符合中国人传统审美眼光的典型胜地。"

对于这个提议，与会的人士都欣欣然面露喜色。各位专家畅所欲言，甚至谈起了"和而不同、中庸之道"，但文本撰写者却在考虑：怎么样才能在国际语境中用外国人最容易接受的话语体系解释这个中国文化和中国人的传统审美眼光呢？

国家文物局和浙江省文物局希望通过西湖的成功申报实现浙江世界文化遗产零的突破。省文化厅副厅长、省文物局局长鲍贤伦说，浙江在文物保护、考古发掘方面都走在前列，但是，唯独没有一个世界文化遗产，这是浙江的一块"心病"。作为文化大省，浙江人的自信心、自豪感如何建立？在我省的几个申遗项目中，我们经过反复比较，觉得还是西湖申遗走在前列，这让我们很受鼓舞。

会上，也有人提问：西湖与龙井茶为何要一起申报，它们之间有着怎样紧密的联系？

对于这个问题，申遗专家这样回答：西湖在申遗中属于文化景观的类别，而龙井茶也是文化景观的一个部分。西湖之盛大，与数千年来历史上文人士大夫诗词书画所赋予的文化内涵息息相关，已然成为儒家山水美学的典范；而饮茶乃是唐以后从佛家寺院开始，渐渐成为文人士大夫的时尚，乃至生活不可或缺之习惯。

"西湖与龙井茶正是同一种文化的两个侧面，前者体现了士大夫文化中审美的要求，后者是士大夫文化中生活的要求。因此，它们联系在一起申报是水到渠成的。"

传统龙井茶的产地就是狮峰、龙井、云栖、虎跑等地，主要产地分布于西湖山水之间，茶与西湖早已密不可分。

来杭州参观考察的国际古迹遗址理事会的专家也向杭州建议，应该把极具影响力的龙井茶和西湖捆绑在一起进行申遗。

对于这样的解释，其实有很多与会的人士并不从心底里认同。申遗专家其实只是出于尊重外来专家的意见才作了这番解释，内心也并不认同。尽管有不同的意见，但大家想的都是为了让西湖申遗成功。心往一处想，劲往一处使，即使其间有争议、有反复，实属正常。随着形势的不断发展，大家的认知水平有一个不断提高的过程，随着申遗实践的深入，越来越多的专家和工作人员倾向于西湖独立申报而不再与龙井茶作"捆绑式"组合，后来的申遗文本上就明确以"杭州西湖文化景观"作为申遗项目名称了。

在这次脑洞大开的申遗专题会议上，时任杭州市市长蔡奇发表了意见。他认为西湖申遗是一项对历史做贡献、惠及后人的重要任务，要以申遗为抓手，趁机把西湖推向世界、把杭州推向世界。他提出要力争在2010年让西湖能顺利成为世界文化景观遗产。

第二天，杭州的所有媒体都以极大的热情报道了这次会议：《西湖申遗排出三年行动计划》《西湖申遗首次排定时间表！》……

> 我市将用三年的时间大力整治、精心装点西湖景区，力争2010年使"西湖·龙井茶园"成为世界文化景观遗产，昨日举行的西湖申遗专题会议传出这样一个振奋人心的好消息。目前，国家文物局已经将"西湖·龙井茶园"载入了《中国世界文化遗产预备清单》，申遗工作已进入冲刺阶段，一旦西湖申遗成功，浙江省内世界遗产将实现零的突破。

……目前，杭州已书面委托中国建筑设计研究院建筑历史研究所着手编制申遗文本和申遗整治规划，即将签订正式合同。各项前期工作也已全面铺开……三年计划全力冲刺……

——西湖申遗，看来已经"路在脚下"了，但从当时的形势来分析，其实还远未到可以"高枕无忧"的地步：申遗的竞争仍然十分激烈，而这个"激烈"更多的是在国内的比拼上。

按照国家文物局的安排，2010年前我国申报的遗产项目均已确定：2008年申报福建土楼和一处自然遗产；2009年申报嵩山历史建筑群和五台山；2010年则已确定跨国联合申报"丝绸之路"，剩余的一个申报项目将有大量的竞争对手，如果2010年建设部不打算申报自然遗产或双遗产，则我国还可以申报一处文化遗产。目前"西湖·龙井茶园"申遗已经被国家文物局列入议事日程，作为2010年申报的备选项目。国家文物局的态度是，凡列入预备清单的，谁的准备工作充分，就让谁上。

西湖被列入2010年申报项目的希望很大，但也存在不可预测的变数。

"谁准备充分，就让谁上！"

申遗工作领导小组已经制定了"西湖申遗三年行动计划"，提出要在这三年之内解决十个问题。

按照"西湖申遗三年行动计划"的目标，根据世界遗产委员会的惯例，杭州排出了三年时间表：

2008年2月前，完成西湖申遗价值评估及真实性、完整性研究工作，图片、影像资料等上报资料的搜集；

2008年9月，完成申遗中文文本及整治规划的编制，递交国家文物局审查；

2008年10月，完成申遗英文文本及整治规划的翻译，递交世界遗产中心初审；

2009年1月，根据世界遗产中心反馈的初审意见修改完善；

2009年2月前，完成国内所有申遗相关程序（含专家论证、评估，多媒体演示、图片、影像资料收集等）；

2009年2月，正式向世界遗产中心递交申遗文本及整治规划；

2009年7月前，完成所有整治和整改项目；

2009年7—8月，迎接国际古迹遗址理事会专家团正式检查；

2009年9月—2010年6月，对专家团检查后提出的问题进行全面整改；

2010年6—7月，世界遗产大会讨论决定。

西湖申遗还存在一些不确定因素，主要体现在两个方面：首先是没有现成的经验可供参考，根据国内外权威专家的意见，西湖是一处非常独特的文化景观，在国内外已列入的世界遗产中没有与之相似的遗产。这当然是好事，但也意味着西湖的申报没有先例可以参照，只有自己摸索，其难度是相当大的。

西湖的景观修复和整治难度也很大。世界遗产评价组织和专家对申报遗产项目的真实性和完整性要求非常严苛。西湖与这一标准尚存在一定的差距，工作量相当大，一方面是西湖申遗的价值提炼和规划、文本写作，另一方面是启动西湖文化景观整治工程，时间非常紧迫。

路已经在脚下。

第五章 聚焦：用世界遗产的视角重新认识西湖

第五章 聚焦：用世界遗产的视角重新认识西湖

"她是中国历代文化精英秉承'天人合一'哲理，在深厚的中国古典文学、绘画美学、造园艺术和技巧传统背景下，持续性创造的中国山水美学景观设计经典作品，展现了东方景观设计自南宋（13世纪）以来讲求诗情画意的艺术风格，在9至20世纪世界景观设计史和东方文化交流史上拥有杰出、重要的地位和持久、广泛的影响。"

——这一段文字是国际古迹遗址理事会（ICOMOS）技术评估团对西湖的结论性评价。对于这些"老外"来说，"诗情画意""天人合一"是一些非常难懂的中国词语，要让他们认同并接受，文本团队确实是找到了一个符合国际语境的语言表述体系。而对于我们广大的国人来说，也需要用世界遗产的视角来重新认识西湖。

文本团队把杭州西湖作为"文化景观"的价值载体分为六个方面，也就是六大价值要素：秀美的西湖自然山水、"三面云山一面城"的城湖空间特征、独特的"两堤三岛"及其构成的景观整体格局、最具创造性和典范性的系列题名景观"西湖十景"、承载了中国儒释道主流文化的各类西湖文化史迹以及具备历史与文化双重价值的西湖特色植物。这些不同的承载方面共同支撑起了"西湖景观"的整体价值。

应该说这个六大价值要素的提炼是精准的。它第一次全面梳理了西湖，为西湖打开了一扇便于世界人民了解的认识之门。现在，让我们也循着这扇门，去用世界遗产的视角重新认识一下我们再熟悉不过的西湖。

1. 从"西湖十景"里寻找申遗密码

说起杭州的"西湖十景"，那真是谁人不知哪个不晓！早在清康熙三十八年（1699），康熙帝第三次南巡、第二次驻跸杭州时，御定了西湖十景之名，亲题景名，题诗勒石。康熙帝一生六次南巡，五次到杭州，对杭州西湖情有独钟！乾隆帝六下江南，每次必到杭州，每次必游西湖。六次幸杭，六次都为西湖十景赋诗，一共写了60首！

天下名胜多了去，可有多少是皇帝钦定御题的？这就使得"西湖十景"扬名天下了。而两位皇帝御定御制之后，各选择地点列碑建亭，据说，康熙还亲自参与了十景碑亭立于何处的方位选择，"奉悬宸翰，以示恩宠"。这又使得著名的西湖十景，不仅仅限于文字和图画的记录，而且还有了固定实物标识，有利于景观的保护，也有利于游客的观赏。后人一到西湖，首先想到的就是按图索骥去看这十景。

苏堤春晓、曲院风荷、平湖秋月、断桥残雪、柳浪闻莺、花港观鱼、南屏晚钟、雷峰夕照、双峰插云、三潭印月，用具有韵律、对仗、情绪、色彩等美学要素的四字组合，概括出能够涵盖一个完整独立的景观区域，平衡其中的文化势力，又通俗易懂、大方雅致，中国的题名景观可以说无出其右！

说起西湖十景，杭州人真可谓是如数家珍：春夏秋冬（苏堤春晓、曲院风荷、平湖秋月、断桥残雪)、阴阳明晦(三潭印月、雷峰夕照)、近观远眺(花港观鱼、双峰插云)、迩闻遐听(南屏晚钟、柳浪闻莺),每一景都传递出各自独特的精神内容和美学气质,而这西湖十景组合在一起就代表着古代西湖胜景的精华。这是一种景观概念,也是自然和人类情感相结合的一种审美形态,更多的是一种思想层面的艺术创意。

并不是所有的杭州人都知道:"西湖十景"的源头其实远远早于清朝两位皇帝的品题。即使是康熙御题的景名,其实跟今天通行的说法仍然是有小小的差异的,比如康熙御题的是"雷峰西照""南屏晓钟",而我们今天则说"雷峰夕照"和"南屏晚钟"。细数"西湖十景"的来源,其实可以追溯到南宋画院里画师们的笔下创作。

宋、金签订绍兴和约后,南宋境内出现了相对和平的局面,社会、经济、文化都得到了恢复和发展,尤其是孝宗中兴,南宋出现了相当繁荣的盛况。南宋君臣畅游西湖,都城市民纷纷效仿,游乐西湖已经蔚然成风。最早在西湖中选出十景,写成《西湖十咏》的文人就是孝宗朝的王希吕。只是《西湖十咏》更多的是诗人游西湖的体会,还未有具体的景点对应。真正将地点与景名结合在一起,四字一名进行描绘的是南宋画院的画师,比如南宋宁宗朝的画家马远就画过两峰插云、平湖秋月和柳浪闻莺三幅山水景。家住清波门外的南宋理宗朝的画家陈清波也画有苏堤春晓、三潭印月、断桥残雪、雷峰夕照、南屏晚钟和曲院风荷等六幅画。而最早出现"西湖十景"的整体名称的,一般认为是在南宋理宗时地理学家祝穆的《方舆胜览》里。杭师大教授林正秋从西湖博物馆里找到了宋理宗绍定六年(1233)杭州画家叶肖岩所撰的"西湖十景诗",比祝穆《方舆胜览》的初刻本还早了六年。而叶肖岩的《西湖十景画》则保存在台北故宫博物院。

东方文化名湖——西湖申遗纪实

断桥残雪

苏堤春晓

花港观鱼

两峰插云

南屏晚钟

雷峰夕照

第五章 聚焦：用世界遗产的视角重新认识西湖

| 曲院荷风

| 柳浪闻莺

| 三潭印月

| 平湖秋月

祝穆是否知道叶肖岩的十景画、十景诗，我们不得而知，但至少可以说明：南宋西湖十景的形成是南宋著名画家和文人共同演绎的结果，突出地反映了中国哲学和中国审美文化中"诗中有画、画中有诗"的创作观念。诗、画、景在审美和哲学层面的有机结合，正是中国式"诗情画意"的典范。

"西湖十景"就这样从历史中走来，直到清康熙、乾隆的题名立碑，使它从诗文、院画固定成了景观标志，落地生根，成为西湖最著名的地理坐标。这是一种人化了的自然，那种情景交融、虚实相生、活跃着生命律动的韵味和无穷的诗意空间，就是"西湖十景"最高的艺术意境。而这种高度凝练的题名景观，既提升了国人的审美境界，也对后世的园林建设产生了深远的影响。

怎么把这种中国式的"诗情画意"传递给外国游客，尤其是世界遗产委员会的专家呢？这恐怕就要"讲述中国故事"了。所谓的遗产价值提炼，就是在国际语境认同的语言体系下讲好故事，让外国专家认同你的故事、认同你的价值。

西湖申遗文本，先是从中国原创的"题名景观"说起，把这10个以中国古典诗词意境和山水画审美组合命名的景观单元作了逐一介绍，突出了它在中国古代的文学、艺术、园林等领域产生的广泛影响，并且特别强调：这种"题名景观"伴随着文化交流广泛传播到东亚各国后，已经成为具有世界影响力的东方景观设计。

文本的描述建立在对"西湖十景"作了一系列开拓性研究的基础上。"西湖十景"历来是民间脍炙人口的名词，但囿于一碑一亭的简单存在，常常被游客以即停即走或者是拍个照以示"到此一游"的方式所忽视，学者对之作深入研究的也不多。而文本却指出，"西湖十景"不仅仅反映了春夏秋冬、晨昏雪雨、花鸟虫鱼相关的景色，更是对西湖风景概念的具象化，对西湖风景起了重要的提炼作用。

文本详细介绍了"西湖十景"各景观单元的主要特征，甚至附上了景观单元建筑和构筑物的登记表和平面图，叶肖岩等南宋画家的画作、清代《西湖志纂》中的版刻插图、民国老照片、当代的摄影图片也都附录其中，景观的审美主题、景点要素以及范围等都一目了然。

"西湖十景"是一组题名景观的单元组合，而题名景观又恰恰是中国特有的审美和文化现象。十景中的每一景，既是西湖风景整体的一角，又是一个独立的景观空间，可分可合，是一个有机结合的整体，不同的景名只是根据不同时间、气候、感官、情绪强调不同的重点。这种处理方式，深得中国建筑学、园林学的审美真谛。这是从建筑和景观美学的角度对"西湖十景"的深度思考，把十景的价值说清楚了。

为了更好地理解十景的意义，文本提出了"视点景域"的概念。视点，即观赏特色景观内容的最佳视角区域；景域，则是指独立景观空间延伸到整个西湖景观的范围。"视点景域"的论述，坚持以人为中心的原则，突破了以往建筑类文化遗产只有保护范围和建控地带的概念，突破了所谓"点、线、面"的方法，特别符合西湖作为文化景观遗产的论述，这也是以往其他申遗文本所没有的新视点。

"西湖十景"中的苏堤春晓，它选取的是春季刚刚开始的一个瞬间，以一瞬之美传达出一种劝人珍惜时间的告诫，所谓"一年之计在于春"，而事实上，"春晓"这个概念并没有一个明确的界定，每个人都依据自己的感官和心境去发现、去体悟，这就构成了一种由内而外的个人审美和集体创造，它所蕴藏的哲学内涵就远远超过了景致本身；平湖秋月，在南宋题名之初以泛舟西湖、观赏秋夜月景为胜，明代学者田汝成的《西湖游览志》中明确提到，此景"无所定处"，只要在中秋月圆之夜在湖山的任何一处观湖赏月，就是身在"平湖秋月"之中，这正是古人诗句中所谓的"天涯共此时"，是最能引起人们普遍共鸣的一份宁静和思念，象征着"追求人格高洁的审美精神"。所以，"西湖十景"并不仅仅是观景，还有"直指人心"的心理体验，它体现的是人、自然、文化三者的互动。中国的哲学强调把握宏观大意和内在神韵，"西湖十景"就充分体现了这种思想，因此，它是中国"题名景观"中"时代最早、数量最多、内容最丰富、文化意境最深厚、保存最集中、最完整，影响最广泛"的杰出代表作。

西湖作为中国式审美的范例，处于天下独尊的地位，影响力遍及全国，甚至外溢到汉文化圈的东亚邻国。扬州的瘦西湖原名叫保障湖，清乾隆年间，杭州籍诗人汪沆把它与杭州西湖作了一番形象的比较，称赞它"垂杨不断接残芜，雁齿虹桥俨画图。也是销金一锅子，故应唤作瘦西湖"，聪明的扬州人就主动放低身段来呼应西湖，从此保障湖就改称了瘦西湖。清代中后期，皇室在北京以及承德避暑山庄等地广造园林，其制式多仿西湖，在建筑理念、设计思路、景区规划、山水意境等方面，都着力营造和西湖一样的氛围与情调。最著名、最具代表性的例子就是颐和园了。乾隆之所以要兴建这座园子，就是要在京畿附近兴建一处神似西湖的大型山水园林。清华大学教授周维权先生在他的《中国古典园林史》一书中对此作了精辟的阐述："清漪园（颐和园）之摹拟杭州西湖，不仅表现在园林的山水地形的整治上面，而且还表现在前山前湖景区的景点建筑之总体布局乃至局部设计之中。"比如颐和园水面上的西堤同样也有六桥，风格正与苏堤六桥相仿。在汉文化影响所及的地方,西湖的影响力相当深远。越南河内的著名风景地还剑湖,就又名西湖;韩国人崔溥在明朝时因台风流落到浙江,回国后对西湖大加赞赏,题咏的诗文在韩国有很大的影响;在日本,从室町时代起,西湖图已经成为日本画家着意描绘的一个题材,寺院和贵族住家的屏风上画的往往是西湖的山水。明代正德年间,一位日本僧人写过一首西湖诗感叹道:"昔年曾见此湖图,不信人间有此湖。今日打从湖上过,画工还欠著工夫。"明亡之后,许多明朝遗民东渡日本,余姚人朱舜水和杭州人戴笠一起主导了后乐园的营造,园中模拟建起了一条长堤,干脆就取名叫"西湖堤"了。所以,西湖景观的输出本质上是一种文化理念的输出,是一种文化基因的传播。

相对于颐和园、避暑山庄这样的皇家园林以及苏州私人园林,文本更强调了西湖作为开放式公共园林的特征。中国的园林史家历来把中国园林分为皇家园林、私家园林和寺庙园林三类,没有公共园林这一说。但事实上,从白居易、苏轼整治西湖开始,西湖就作为一个具有公共性质的、开放的游览胜地而面向普罗大众。在南宋时期,多有皇帝游湖与百姓共处与民同乐的记载。西湖景观其实是创建了一个满足不同人群需要的公共审美空间,以弥补城市公共空间和设施的不足。这就跟已经登上世界遗产名录的"明清皇家园林"及"苏州园林"都有了非常明显的差异性。

这样的表述,已经把西湖的唯一性与珍稀性讲解得淋漓尽致且深入浅出了,难怪连世界遗产组织的专家都夸奖这份西湖申遗文本堪作申遗的范本,是"中国所有申遗文本中做得最好的一个"。

2. 西湖景观修复整治"敲下一个回车键"

专家团队负责"讲故事",西湖风景名胜区团队负责"干活儿"。申遗是一项系统性的工作,除了申遗文本之外,还包括编制规划、立法、考古、整治、建立展示及监测平台以及履行申遗承诺等,前期就有十多个课题研究同步开展,其中西湖景观修复整治是最重要的一项。

从2008年开始的西湖景观修复整治,正是以"西湖十景"为核心展开的。

"老十景好比西湖的'眼',哪怕投入10个亿也是值得的!"

如果说此前2001年开始的西湖综合保护工程已经为西湖申遗写下了良好的开局篇,那么,景观修复整治,是对西湖综合保护工程的延续和完善,是一场关键之战。现在该是敲下回车键另起一行写西湖申遗的正文了:一场以围绕申遗、服务申遗为明确目标的西湖景观修复整治工程又打响了!时任浙江省古建筑设计研究院副院长陈易作为申遗专家被景区管委会聘来具体组织实施申遗整治工程。

根据清代版画和民国老照片的历史记录,"平湖秋月"复原了原先的半开放型的建筑平面,筑起了一堵屏风一般的围墙,和西湖相互借景;"花港观鱼"的东大门拆除,鱼池北、西驳岸上恢复了临水长廊和码头;过于商业化的"三潭印月"码头从六个缩减为四个,湖心亭的建筑和码头也都作了调整;"南屏晚钟"主要景点净慈寺也作了大面积的铺装和整修,恢复了双井景观;西湖边还设计了几种符合传统面貌的绿地围栏和指示牌……单项工程最长3个月最短10天,秉承的原则叫"最小干预、最少成本、最短时间、最好效果"。

申遗整治的"现场总指挥"陈易和杨小茹带着人来拆苏堤的三个大花坛。

这三个大花坛建于20世纪50年代，姹紫嫣红地存在了半个多世纪，许多杭州市民对它们还是蛮有感情的。西湖申遗进程启动后，有专家提出花坛外形是几何形，里面的花草也都修剪得整整齐齐，是西式园林风格，而苏堤是传统园林风格，讲究步移景异的自然手法，两者有点不搭调，与申遗要求的真实性原则也有冲突。而且，花坛指引的是一种内向的观赏，游客看到的是花坛本身；而苏堤传统的观赏模式，应该是向外的，观赏西湖才是苏堤的核心价值。这三个环形花坛的存在，还打破了长堤以桥为节点的传统。专家的建议就是拆除。

三个大花坛伴随很多人走过了半个世纪的岁月，考虑到市民的感情，西湖风景名胜区管委会并没有采纳这一建议。随着申遗脚步越来越近，专家们拆除花坛的声音也越来越大，申遗领导小组不得不重新慎重考虑，最后下决心拆除。

"为了西湖申遗，这么做还是值得的。没有了三个大花坛的苏堤，反而更通透，徜徉在苏堤上真有了画卷般徐徐展开的赏景感受。"杨小茹说。

生态保护当然也是助力西湖申遗的重要因素。为了改善西湖水质，自2003年9月10日投入使用的西湖水环境综合保护引水主体（配水）工程，引钱塘江水入湖，让西湖水"活"起来。到2011年6月，杭州市环保局出具的《2010年杭州市环境状况公报》显示：西湖的平均透明度已提高到139厘米。

鉴于世界遗产特别强调"真实性"原则，在文本团队作"价值提炼"的基础上，还得做好"价值证明"。于是，杭州市考古所联合浙江省古建筑研究院，根据征集到的《清乾隆西湖行宫图卷》等文献资料，对"西湖十景"的位置、布局进行了考古发掘，对康、乾时期"西湖十景"的空间结构、建筑样式、具体位置等作了考证。

杭州市考古所所长唐俊杰是一个"奇才"，基于对文献资料的深入研究，他认定古钱塘门遗址就在湖畔居茶楼的右前方。听到这个消息，王水法兴奋不已，连夜召开了专家论证会，并带队去实地考察。可一考察却有些犯难了：发现那里除了房子就是大树，基本没有什么可供考古挖掘的地方了，只有一块草坪还可以动工开挖。就从这里往下挖。

湖畔居茶楼地处湖滨热闹地带，游客络绎不绝，而西湖景观修复整治又必须遵循"最小干预""最小动静"的原则，不能大张旗鼓、大动干戈。于是，考古团队只好用蓝色预制板围了一下，简单地作了一些间隔，悄悄地进行发掘。

挖下去后，还真的发现了南宋钱塘门的门洞侧壁、门洞、城墙夯土等遗存，揭露面积共约110平方米。这个点子真是太准了，有如神助！

从考古现场可以看出南宋钱塘门的夯土墙基、门洞遗址等，离湖滨地面近2米深处，青灰色的香糕砖砌道路，从西湖边一直向庆春路方向的繁华地段延伸。据历史记载，早在南宋时期，西湖南、北、西三面环山，东面靠杭州城的城墙，临湖有三座城门：清波门、涌金门、钱塘门。当时杭州先民要游览西湖须从此三门出城。钱塘门始建于南宋绍兴十八年（1148），为杭州西城门之一。宋以来，钱塘门外多佛寺、楼台。当时人们出钱塘门，往往先到昭庆寺（今市青少年宫）、经楼（望湖楼），然后直通灵隐、天竺进香，所以有"钱塘门外香篮儿"之说。民国二年（1913），杭州拆除钱塘、涌金、清波三城墙，改建湖滨路、南山路，使城湖合一。前几年，整治庆春路时,在和湖滨路交叉处,立了一块"古钱塘门"石碑。而这一次在湖畔居成功发现古钱塘门,一定程度上证明了古代钱塘门的范围。

钱塘门遗址看上去不大,可意义重大。因为它揭示了杭州与西湖的城湖关系,告诉我们起码从南宋以来,西湖与杭州城市的界线基本就没有什么大的改变,西湖还是那个西湖,千年不变的真实性为申遗提供了不容置疑的佐证。当时的媒体报道称:"这一考古发现,对界定西湖东线,实证历史上的城湖关系,提升遗产真实性等具有重要作用,也为西湖申遗增添了砝码。"

景观整治和考古发掘外,西湖风景名胜区管委会的每一个人都没闲着。卓军此时是西湖申遗办公室下辖的秘书组组长,具体负责整个西湖景区的文化内涵的挖掘,还包括文物陈设、展览、展示,修复和整理西湖里那些亭台楼阁上的众多楹联匾额,建立和规范西湖景区里面的导览

钱塘门遗址考古发掘现场

标识系统等。

　　别看这个职责范围叙述起来简单，但真正做起来极其烦琐复杂。这里有什么名人住过？那里在历史上是什么地方？哪些景点现在没有了，要把它恢复起来？通过查阅大量的史料并经考证，然后提交给西湖风景名胜区管委会讨论，最后来决定是否恢复、如何恢复。比如三台山的子久草堂是黄公望曾经住过的，历史上有明确记载，就是子久草堂，于是就把子久草堂恢复了起来。后来还有留馀山居、红栎山庄等。很多景观都通过考证，恢复了出来。从西湖综合保护工程开始到西湖景观修复整治工程，恢复的景观大大小小大概有180多处！

　　西湖景点的楹联匾额，很多文献上有记载，但原联找不到了，要去请书法家来写；有的只有记载却没有原联内容，就得请楹联协会的"高手"来补题撰联。当时，请了很多书法家，中国书协的主席、副主席或者是全国、省一级的书协常务理事，比如沈鹏、欧阳中石、张海等等，一个个大名鼎鼎、如雷贯耳，简直就是一次全国著名书法家的盛会。这些书法家都以能将墨宝留在西湖为荣，因为一般的书法家恐怕还没有这个资格——著名作家王蒙曾经说过，西湖是他的"梦中情人"，其实，中国的文人中有西湖情结的又岂止王蒙一个！

　　西湖景区的导览标识系统，包括说明牌、指路牌等等，用的都是四国文字：中英文加上日语和韩语。当时考虑到日、韩游客来杭较多，而西湖景观对日、韩文化的影响也较深。外语的译写是有严格的规范、标准的，中式景点其实都很难译，"西湖十景"尤其如此。是直译还是意译？不管直译还是意译，都非常难译。西湖景区里面有很多翻译，还有专家组，反反复复地斟酌。比如"龙井问茶"，这个"问"怎么译？还有什么"灵峰探

第五章 聚焦：用世界遗产的视角重新认识西湖

断桥残雪

梅"，这个"梅"怎么译？按照专家的说法，梅花就有春梅跟冬梅的区别，还有结果的梅花，跟不结果的梅花译法都不一样的，相当复杂。

有一次，"断桥残雪"的英译被译成了"断的桥"（Broken Bridge），一时间，舆论闹得沸沸扬扬。卓军是负责人，当然很难受。不过，他坚持认为没有错，不用整改："我们怎么可能会犯这么低级的错误呢？译'西湖十景'的时候，意译是经过专家好几轮讨论的，特别是'断桥残雪'。桥，确实是没有断；但是断桥的意境在哪里啊？这个'断'体现在哪里啊？体现雪断，雪断桥不断的意境啊！因为下雪以后阳光照在雪上面，桥面上的雪承受阳光充足，就融化得快，感觉有点'断开'。专家反复讨论，要的就是这种意境，要把它体现出来。所以就这样翻译了。"

西湖景观修复整治工程和"只有逗号，没有句号"的西湖综合保护工程都按既定的目标完美地实施着：虎跑公园保护整治；南宋官窑博物馆二期扩建工程正式启动；新慧因高丽寺建成开放；西湖夜景亮灯工程全面完成；灵隐景区佛教文化建设工程全面竣工；太子湾公园综合整治工程启动；玉皇山福星观举行殿宇重晖庆典；《杭州西湖文化景观保护管理办法》正式颁布实施；对西湖游船进行了修缮和提升改造；江洋畈生态公园正式开工；南宋皇城遗址保护工程启动；实施了孔庙复建、玉皇山南历史文化遗迹保护整治……西湖风景名胜区成功通过了"全国文明风景旅游区"的复查测评，"新西湖"以一年更比一年亮丽的姿态第七次、第八次亮相！

一次又一次亮相的"新西湖"得到了海内外专家的赞誉，尽管对某些细节和局部的处理上可能会有这样那样的不同意见，但几乎没有人说这些年这么多的工程会影响西湖这份遗产的保护，会影响申遗。专家们一致称赞这是积极保护理念的一次大实践，即便是对现状保护极为严格的文物专家都毫无例外地认为：这样的工程，与申遗在大方向上是完全一致的，是保护和恢复西湖景观的重要步骤。建设部原副部长、中国工程院院士周干峙在一次研讨会上动情地说："西湖做成这个样子真是不容易的！这些工程实际上是一个历史的恢复。从历史上看，对杭州的建设争议也比较多，但这次干的这个事，我觉得挑不出毛病！"

事实雄辩地证明，申遗并不会导致西湖什么都不能干，关键在于你究竟想干什么，究竟怎么干。如果把申遗仅仅看作为了一种荣誉，为了一顶桂冠，而不去解决那些长期困扰西湖保护的根本性问题，不能明确西湖今后的发展方向，那么，申遗的路恐怕会越走越艰难，甚至望不到尽头；而当我们切实履行起了西湖保护的历史责任，那么，申遗的曙光就在前头了。

而那些年，杭州的老百姓对西湖日新月异的变化更是看在眼里喜在心里，大家对创造者们的工作给予了高度的评价，在一年一度的"满意不满意"市级机关考评中，西湖风景名胜区管委会都是排名第一!

3. "六大景观要素"重新认识西湖

最终的西湖申遗文本虽然后来被称为"范本"，但真正在写的时候，真不是那么容易的。整本申遗文本仅中文版的就有436页，厚厚的一本书，曾经"八易其稿"，小的改动更是不计其数。都已经快定稿了，有专家提出该如何解释"天人合一"这个词，这又让文本团队熬了好几个通宵。整个项目组包括16个大课题，其中西湖本土植物研究，有一本书那么厚，十多万字，杭州市园文局的老局长施奠东是园林植物方面的专家，他当时不巧摔断了腿，正躺在病床上，却还是一边研究一边写出来了。所以，这个文本其实是在很多专家、学者包括杭州本土的专家、学者长期研究的基础上，群策群力搞出来的。

西湖申遗文本第一次提出了西湖的"六大景观要素"，即西湖自然山水、城湖空间特征、西湖景观格局、"西湖十景"、西湖文化史迹、西湖特色植物的概念，第一次从物质层面上说清楚了西湖景观的构成，也即是把西湖之美的物质构成，用一个完整的、物质性的框架，将西湖的方方面面概括了起来。这在西湖历史上还是首创，也是西湖认识史上的一次大的突破。从此，西湖的价值不再是一个说不清道不明、只能感悟体验而不能分析综合的东西了。

西湖的自然山水被申遗文本的锦绣文字描绘得栩栩如生，其中的细致

伸向湖面的香樟树

功夫也是做得很深的，比如说到西湖的植被，种子植物计有184科739属1369种，搞得清清楚楚。为了让这些古树名木共同见证西湖周边在历史时期植被茂盛、物种丰富的良好自然生态，文本团队甚至把西湖景观遗产区内300年以上古树都作了一次登记：其中有香樟89株、枫香11株、银杏13棵、黄连木4株……总计22种，125棵。

"当世界遗产组织的专家来考察评估的时候，你一定要如数家珍：这一棵树几百年，那一幢建筑是什么时候的古迹，必须了然于心，并且能对答如流。"

关于"城湖空间特征"，申遗文本是用"三面云山一面城"的形容为基础框架的。"三面云山一面城"是当代著名作家金庸的先祖、清代杭州籍诗人查慎行《西湖杂咏》中的诗句，原诗是这样的：

> 四围图画本天成，三面云山一面城。
> 多少才人吟不尽，尚留佳句待先生。

在申遗文本中则作了这样的表述：

西湖具有三面环山、一面临城的景观空间特征。群山以湖面为中心，层叠连绵地在北、西、南三面环绕着西湖，状如马蹄；湖东则为平坦的土地，坐落着具有千余年历史的杭州城。群山环抱着西湖、古城依傍着西湖，三者和谐地组合在一起，一方面形成了立体、丰富的景观空间，另一方面体现出自然环境与人类居住地的和谐共存。

西湖的群山虽体量精致，却层叠绵延，视觉空间上具有丰富的层次感和深度感；西湖的水域规模适中，自湖上四望，湖岸可辨，视觉空间上具有适宜的围合感和尺度感；同时，湖水的丰盈与平静，还呈现出湖与岸无间的亲和感；湖东的城市界面则临湖带状展开，舒展而充满动感和活力，形成了湖东一抹鲜活独特的风景线。

西湖山与水的空间尺度给人以舒适、亲切的感受，既宜于游览，又便于观赏，具有天生自然的精致和细腻；同时，依傍于湖山之侧的城市，与湖山形成了唇齿相依的亲密关系。西湖的湖、山、城整体的景观空间特征，呈现出人与自然的独特的整体感和亲和感。西湖的山水空间所表现出的人与自然的和谐特征，高度契合中国文人士大夫的理想山水模式，而被历代推崇为反映中国山水美学思想的典型景观和山水人居的典范，维系和传承千年。

事实上，在几千年的历史长河中，西湖始终是跟杭州城相生相伴，密不可分的。一千年前，苏轼在《杭州乞度牒开西湖状》这份奏折中就说"杭州之有西湖，如人之有眉目，盖不可废也"，这当然还只是说的浅表层面的关系，而西湖作为这座城市的母亲湖，在古代的时候，无论是生活取水还是生产灌溉，都离不开西湖，它滋养了一代又一代的杭州人，滋养了这座城市。西湖与杭州的城湖关系，这是一种自然与人和谐共生的关系。

至于"西湖的景观格局"，申遗文本如是说：

第五章 聚焦：用世界遗产的视角重新认识西湖

西湖景观格局，又称"两堤三岛景观格局"。它由5个文物古迹"白堤"、"苏堤"和"小瀛洲"、"湖心亭"、"阮公墩"及它们所构成的西湖水域的观赏和交通格局共同组成。其中："两堤三岛"是公元9—19世纪期间通过多次西湖疏浚工程不断增添营造而成的人工产物，"景观格局"是指由"两堤三岛"共同构成的西湖景观堤岛格局——它既呈现为西湖景观的一种整体布局设计特色，又因其交通路线的内在关系而具备了湖山观赏的游览格局。它以纵和横两条长堤、点状分布的三岛分隔出5片水域，共同构成景观框架。这种以堤岛分隔和组织空间的方式，是中国景观设计中营造适度的景观空间尺度的重要手法，并融合了中国江南特有的湖堤景观风貌，形成了西湖代表性的景观格局特征。湖中三

西湖景观格局

岛象征了中国秦汉以降的"一池三山"的神话仙境形象，苏、白二堤是中国文化史上最著名的两位大文豪苏东坡、白居易所兴建，堤、岛格局成为西湖景观在中国和东亚影响和流传最为广泛的造园要素。

对于题名景观的"西湖十景"，文本已介绍得相当清晰，但在西方人看来，还是会有问题。有一次，一位世界遗产专家参观西湖博物馆，向他介绍"西湖十景"的时候，他表示看不懂。他问了一个问题："西湖十景"有设计图吗？因为在西方人的脑子里，总要先有图纸才能施工。比如建个公园，先要有设计图，设计图经过专家评审后批复造预算，再去施工。"西湖十景"不也得有设计图吗？

陪同的卓军跟他解释说，"西湖十景"是没有设计图的。

他开始给外国专家讲故事：题名景观是怎么构造而成的？不是刻意为之。东方文化追求诗意化，讲究诗情画意。像西湖这样一处景观，经过白居易、苏东坡等历代先贤们的疏浚营造，确实已经美不胜收，吸引了很多人去游览、鉴赏。文人骚客在鉴赏中有独特的视角、独特的感悟，诉诸图画，诉诸文字，后人由此受到启发，起个四字景目固化下来，并且最终形成系列，"西湖十景"就是这么来的。比如"花港观鱼"，花港就代表地点，观鱼代表意境，"西湖十景"的景观特点就是意象性，就像西方"意象派"的诗，讲究的是意境，而不是实体化，所以没有设计图纸。故事这么一讲，专家觉得很有意思，东方文化的神秘感出来了，他开始理解了。

六大景观要素中的"西湖文化史迹"，就像一颗一颗璀璨的钻石镶嵌在西湖中。西湖景观在上千年的持续演变中，由于政治、历史、区位等原因，

第五章 聚焦：用世界遗产的视角重新认识西湖

融汇和吸收了大量的中国儒释道主流文化的各类史迹，包括保俶塔、雷峰塔遗址、六和塔、净慈寺、灵隐寺、飞来峰造像、岳飞墓（庙）、文澜阁、抱朴道院、钱塘门遗址、清行宫遗址、舞鹤赋刻石及林逋墓、西泠印社、龙井等14处历史遗迹，它们是西湖景观作为"文化名湖"的支撑要素。

清行宫遗址，就是清朝康熙和乾隆两位皇帝南巡时驻跸的行宫，位置在今天的孤山中山公园。康熙和乾隆这两位皇帝，是西湖历史上最大的宣传者和"广告代理商"，爷孙俩对西湖喜欢得不得了，所以他们要重题西湖十景，代表皇家对西湖的高度认可。而清行宫遗址可以说是14处史迹中发掘展示最充分完整的工程，这个工程由陈易团队负责。

舞鹤赋刻石

林逋墓

岳飞墓

保俶塔

| 清行宫遗址　　　　| 飞来峰造像

| 文澜阁　　　　　　| 灵隐寺

　　陈易是当时浙江省古建筑设计研究院的副院长，在2008年、2009年主持过六大景观要素中的西湖十景题名景观和西湖文化史迹的价值提升整治工作。他说，西湖十景从南宋到清最后定型，并不只是一块碑那么简单，他们翻阅了清雍正和民国时期的西湖图，发现十景都包括一座御碑亭、一座藏书楼，以及回廊、小径等"标配"。他们也进行了一些恢复与还原，但最初宏大的设想因为现实的原因都变成了微创的美容手术。最完整的是清

第五章 聚焦：用世界遗产的视角重新认识西湖

行宫，最满意的是"平湖秋月"，基本按原样出现，拱门里面亭台楼榭，标配完整，依稀当年模样。而且六大景观要素第三条提到极为独特的"三面云山一面城"的城湖空间特征，最佳观赏点就在平湖秋月。

在提升整治的过程中，陈易发现了一个有趣的现象：传统文化那种奇妙的变化，很多时候是通过材料影响审美，这是真正的不同点。当年文人气十足的隐逸西湖现在成为人流量密集的旅游景点，营造景观做法都不一样。古人受制于财力、物力和技术手段，只能用小材料做大事情，比如有中轴线铺青石板，旁边都会用小弹石凸现主次关系，而今天则一律用大材料满铺，比如南屏净慈寺门前的道路，满地都是大石块平铺，没有变化和主次，陈易建议加以重修，恢复古人的营造样式。

六大景观要素的最后一条是"西湖特色植物"，文本中的描述是这样的：

| 六和塔

"西湖景观"在植物景观特征上具有悠久历史和突出文化象征含义的特色植物有：始于宋代（11—13世纪）并传衍至今的沿西湖堤、岸间种桃、柳的特色景观，与"西湖十景"的四季观赏特征相应的春桃、夏荷、秋桂、冬梅"四季花卉"，以及分布于湖西群山中承载了中国茶禅文化重要价值的传统龙井茶园及其景观。

龙井茶自然而然是西湖特色植物的一部分，申遗的名称也正式确定为"杭州西湖文化景观"。这样的名称恐怕也更符合广大杭州市民的心理诉求。

西湖的美景离不开西湖的植物，无论是三秋桂子、十里荷花，还是暗香浮动、人面桃

| 雷峰塔遗址

| 净慈寺

| 钱塘门遗址

| 西泠印社 | 抱朴道院

花，抑或是九里云松、万顷茶园，西湖的绿化植被一定是中国最好的地方。许多外地人跑到杭州，看到西湖的满目葱郁，直感叹是人间仙境。而对于西湖的植物，其实也是仁者见仁、智者见智，所谓"水陆草木之花，可爱者甚蕃"，有人爱菊，有人爱莲，有人爱梅，有人爱牡丹，这里面都寄托着心境，寄托着情感。而陈易则发现：古人一般喜欢用本地植物，比如始于宋代传衍至今的沿湖两堤"桃柳相间"景观，与"西湖十景"的四季观赏特征相对应的春桃、夏荷、秋桂、冬梅四季花卉，都是本地特色。有生命的植物也可以成为文化遗产，颠覆了人们对文化遗产的认识。

西湖的几次清淤疏浚后，挖上来的淤泥都堆到了虎玉路上的江洋畈。在江洋畈与虎玉路之间筑了一条长堤以作阻隔。在这个江洋畈淤泥场上，各种植物"野蛮生长"，倒成了一处原生态的植物公园，甚至还保留了植物

龙井茶乡

春桃、夏荷、秋桂、冬梅

多样性的特征。比如杨柳吧，西湖边的杨柳一般都是垂柳，叶子是下垂的，徐徐拂拂，温柔可人，而这里的杨柳叶子是向上长的，这种大叶柳种子是随着西湖淤泥从西湖底下带来的……

因为这么一个发现，后来就有了变废为宝、保持植物多样性的江洋畈生态公园。这是一个以野态环境为基础而营建的园林景观，恐怕此类公园在中国也是首次出现，它弥补了西湖景观公园中缺少原生态公园的遗憾。

2008年，杭州决定把昔日的淤泥库打造成21世纪杭州西湖生态公园的新典范。在整治过程中，园文部门几乎没有拔掉一株原生态植物，完整地保留了原生态植被。在补种的植物选择上，也全部选用原生品种：醉霞般的金鸡菊、飘逸的狼尾草、波浪般的红蓼、红果点点的接骨木、野趣自然的波斯菊等，与西湖淤泥自然生长出来的柳树浑然一体。

设计师们在详细调研现状的基础上，采用无为而为之的设计手法，保留了原址大部分的生态环境，表现了自然演进的过程，并通过巧妙的设计引导市民去欣赏这种真实的、变化的风景，品味一种淡泊而隽永的美。

西湖景观六大要素的提炼，就这么提纲挈领地将西湖文化景观的价值陈述出来，也不断丰富着我们对西湖的认识。

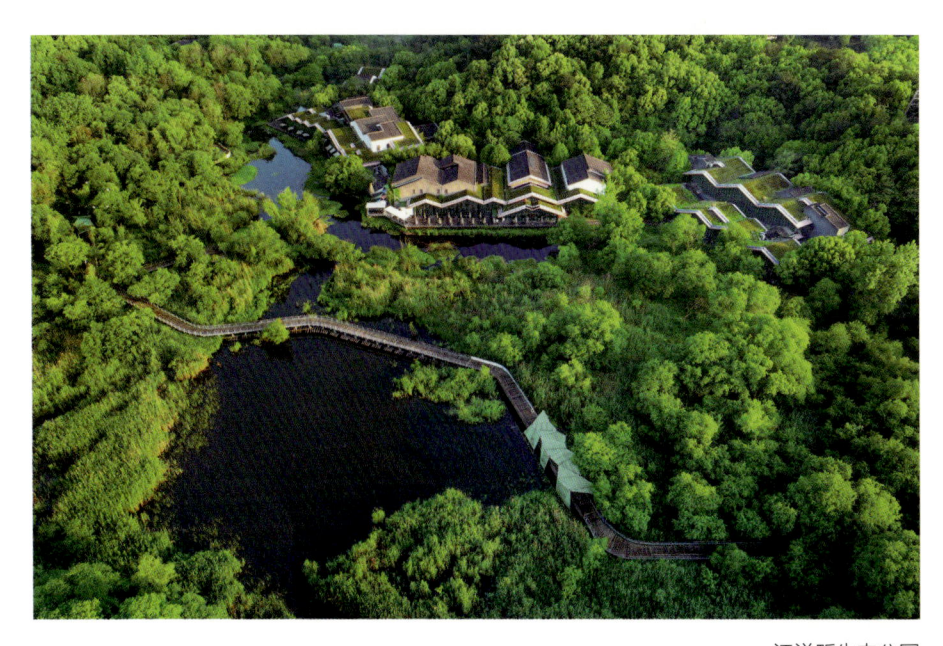

江洋畈生态公园

西湖应该是活着的世界遗产,她不被封存,免费开放,她与过去、现在和未来的人们共行。在这里,不断发生着个体之间、古今之间微妙的演化体验,就像"有一千个观众,就有一千个哈姆雷特",而西湖却始终只有一个。当你用世界遗产的视角去打量她的时候,心里应该有了别样的标准。在这个时刻,你与西湖俱新。

4. 西湖申遗的"群众路线"

有人说,倘若两个人能够手牵手

从苏堤这头走到那头

便能一世在一起

期待在春天与你牵手

走过六桥与烟柳

满堤翠绿烟云一般弥漫

满堤桃红水雾一般洇开

锦带横卧,十里柳丝垂

一端系住了南屏

一端挽起了栖霞

湖畔春水似我的缠绵

湖畔飞花似你的柔情

桥上投来的目光

衬亮了迎春

这份全世界最美的艳羡

有着十指轻触的羞涩

燕子的翅膀斜斜的

心儿是枝头轻啼的黄鹂

我们将漫步长堤

闻一闻青草的气息

流苏飘曳丝路花雨

水鸟嘎的一声掠起

内心的宫殿跃上宣纸

脸颊腾起恰到好处的红云

我们将绕过草坪

拣临湖的石头小憩

透过桃红樱素

任游鱼一遍遍亲吻脚踝

眺望浑然天成的风景

成为湖上最美的胜迹

我们将闲眺湖水

看小舟荡出半世烟雨

看尽浮华世象

微风拂过，请闭上眼

聆听外西湖和里西湖

荡起欲言又止的涟漪

期待在春天与你牵手

走过心跳一般动人的

映波、锁澜、望山、压堤、东浦和跨虹
在时间无涯的旷野
没有早一步，没有晚一步

这首现代长诗《苏堤春晓》是杭州的女诗人卢文丽以"新西湖"为抒情对象，创作的"西湖印象诗"100首里的一首。卢文丽给这100首的诗集取了一个非常诗意的名字《我对美看得太久》。

卢文丽从小在西湖边长大，对西湖的一山一水、一草一木，都有一种特殊的眷恋。在西湖申遗进行得如火如荼之际，她怀着对西湖的真挚情感，实地探访了新西湖的100多处景点，业余创作了100首"西湖印象诗"。

这本为"新西湖"量身定制的现代抒情诗集，用了《诗经》里的诗句来命名章节，比如"月出皎兮""在水之湄""静女其姝"等，烘托出西湖的雅致和气氛，而在这些优美简约的名句下，是诗意的奔放和展现，是西湖风景的心灵再造。作者运用借景抒情、托物咏怀等浪漫主义的表现手法，一诗一景，对"新西湖"进行了一次全新演绎，诠释了西湖源远流长的历史文化，展现了西湖摇曳多姿的风貌特征和审美意境，绘制了一幅当代"人与湖"和谐发展的诗意长卷。仔细品味的话，你会读出其中的韵味，像渐绿的柳丝，渐亮的晨曦，湖面渐渐变浓的晨雾……为热爱西湖的人们提供了抒情载体，带来了审美感受。

与其说卢文丽是把西湖著名的人文景点用诗歌的方式记录了下来，还不如说她是在西湖的千年文脉中轻盈行走。她是在用自己的方式，最大限度地表达了对这座城市、这个中国最美的湖泊的敬意。

其实，像卢文丽那样的热心人还有很多很多。在申遗的那些日子，在杭州的市民和游客人人都想着为西湖、为申遗作一份贡献。

"西湖申遗"不仅是政府部门的责任和义务,更与杭州人的生活息息相关。"西湖申遗"迫切需要全体杭州市民和广大游客的大力支持和积极参与,2008年5月26日,杭州西湖风景名胜区管委会与《杭州日报》共同发起了向社会公开招募"西湖申遗"志愿者的活动。

27日上班时间一到,第一个报名电话就打进来了,是来自西湖志愿者假日旅游队的:"我们这里有400个人,学生、老师、医生、公司白领、公务员,各行各业的都有,最小的15岁,最大的84岁。虽然来自不同行业,又是不同的年龄段,但大家都有一个共同点,那就是对西湖的喜爱。西湖申遗招募志愿者,我们绝对要参加!呵呵,我们可以随时听候指令!"队长朱鸿说,队员们早就在关注西湖申遗了,"有位姓俞的老队员,还在写一本关于老底子西湖典故的书,很快就要出版"。

第一个电话刚刚搁下,第二个电话又打进来了……历史学会的老师们早已厉兵秣马,50人集体报名;建筑师、摄影师、非物质文化遗产研究者……纷纷报名,热情如盛夏骄阳。有些人打不进电话,便冒着初夏的暑热赶到西湖博物馆门前的广场去现场报名。短短的两天时间,几百名来自不同行业的市民就组成了一支西湖申遗志愿者队伍。在西湖博物馆广场上,大家身穿印有"保护西湖,申报世遗"和世界遗产标志的统一服装整齐列队,隆重举行建队仪式。志愿者的队旗在西湖边迎风飘扬,全体志愿者在大型签名墙上郑重地写下自己的名字,表示全力支持杭州西湖申报世界遗产。

刘禹佳是浙江传媒学院播音主持专业的大二学生。她说自己虽然是黑龙江人,但绝对能成为合格的申遗志愿者:"我就是喜欢杭州西湖才不远千

湖边画荷

里考到传媒学院，大一时基本上每个周末都要和同学到西湖边溜一圈，各个景点的典故我都了然于心，后来还在花港观鱼做过志愿者。"小姑娘透露，她发动了几十个同学申请成为申遗志愿者。"西湖的盛事，我们当然要出一份力量！"

"10多年前我就认为西湖应该申遗了！"谭启晓老先生10年来搜集了整整5大本剪报，全是各地申遗的报章，其中，他特意整理出一本"西湖申遗"的专集，"到今天我们浙江省在申遗方面还是'光头'，要抓紧啊！"

"我很想做申遗志愿者，苦于没有时间。"老谭退休前是从事铁路设计的，如今依然能者多劳，在杭州古都文化研究会、地图收藏协会等机构中身兼数职，眼下跑的差事，就是描画出南宋皇城的地理位置，"这个和西湖关系很深呢！每年西湖申遗的会议，专家们前来搭脉、会诊、研究套路，我也都关注着，时不时提点建议。记者需要什么资料，都可以问我要；我手头的文献，也打算送给申遗办公室做参考。"

虽说没能加入志愿者队伍，但像谭启晓这样醉心于西湖申遗的人，在杭州城里可不止一个，就像谭启晓说的"把西湖的事当作自家的事"。

孔仲起、卓鹤君、王冬龄、孙永、何加林等15位艺术名家聚会唐云艺术馆，对话"西湖十景"。孔仲起无限唏嘘地说："50年前，我到杭州，画的第一幅画，就是双峰插云，我在平湖秋月旁住了2年，在六和塔那一带住了7年，真是应了那一句话——'未能抛得杭州去，一半勾留是此湖'啊！"卓鹤君是地地道道的杭州人，他却感慨说："我生在杭州，长在杭州，这一次应邀画一幅西湖十景，却困顿了很久，西湖，我居然画不出来！到现在我还找不到一个画西湖的办法。"

而在三潭印月、阮公墩，骆恒光、王征、戴云辉等二十多位在杭的知名画家来了一场西湖的集体写生。他们神情专注，一笔一画，西湖的山水草木跃然画布、宣纸之上。这次"我为西湖申遗添彩"——在杭画家西湖主题写生活动，是由西湖风景名胜区管委会和"西湖申遗"志愿者、浙江省国际美术交流协会理事王承武共同发起的。艺术家们表示，美丽的西湖是他们创作的源泉，作为浙江省美术界的一员，一定会通过自己的实际行动支持西湖申遗，为西湖申遗添彩，让西湖这一中国传统美学审美价值观的典范进一步得到国际的认可和尊重。

西泠印社也发起了"百年西泠·西湖风"国际篆刻主题创作大会，以新西湖景观和西湖文化为主题，一举贡献了250枚"中国印"。刘江、朱关田、韩天衡、陈振濂、金鉴才、童衍方、余正等大师级人物出任评委，250位作者中既有全国各地的治印高手，还有日本艺术家12人，韩国艺术家11

人。建社以来，西泠印社还从未如此大规模、整齐地以金石艺术全面刻画西湖风貌。据社里的老专家回忆，20世纪80年代，西泠印社曾组织四五十名社员创作过一批关于西湖名胜的印谱："那时候只有老西湖十景，连刻章的石头都是社员们自己提供的。"而如今，250枚"中国印"，几乎涵盖了围绕西湖产生的所有信息，几乎成为西湖的一部"中国印"大全！

为了向广大市民宣传普及遗产知识，努力提高全民的遗产保护意识，为西湖申遗营造良好的舆论氛围，获得强有力的民意支持，2008年6月6日，杭州西湖风景名胜区管委会又与《杭州日报》共同举办"保护西湖明珠　申报世界遗产"西湖申报世界文化景观遗产知识竞答活动。短短一周内，就收到了1500封参赛答题的来信，而且准确率惊人地高，以至于主办方最后只能采用抽签的方式决定优胜者。

尊重群众希望知道政府作为的权利和愿望，让群众在建设中有知情权、参与权，这是西湖申遗的一贯做法。虽然面临着任务重、时间紧等一系列的困难，但从最初的西湖综合保护工程开始，无论是初期规划、控制性详规，到一个个具体的项目，大都进行了公示展览，充分听取群众的意见。湖畔居、吴山广场、柳浪闻莺的展示厅，是三个展示各种方案最多的地方。一个方案出台，展示时往往人头攒动，熙熙攘攘。

"雷峰塔方案公开展示是在湖畔居进行的，参观人数多得让湖畔居的营业都一度停了下来。还有那个'两堤三岛'的修缮方案是在北山街菩提精舍展出的，一共五天，我们一方面是展示方案听取意见建议，另一方面是为了让大家参观一下北山街改造后修复的菩提精舍，这个不太为人熟悉的民国优秀建筑。"有申遗专家说。

群众的意见可能会众说纷纭，比如在雷峰塔建造、西湖亮灯等问题上，大家往往莫衷一是，很多可能与专家、领导的想法不一致，但保证群众的知情权和参与权，下决心走"群众路线"，问计于民，却是科学决策的最有力保障。决策之后，再由大众媒体作正面的解释和引导。尊重群众的主人翁意识，理解群众的诉求，保护群众的热情，善于和群众沟通，尽可能多地让群众有获得感，确保得到大多数群众的理解和支持，这也是西湖申遗得以成功的一大法宝。

没有群众的热情参与，申遗也不可能成功。这其实也是另一种申遗的视角。

5. 三评西湖十景："还景于民"的全民总动员

西湖的综合保护从最本质来说是"还湖于民"。如果说"还湖于民"是一篇文章的"上半篇"，那么"还景于民"就是一篇文章的"下半篇"——让老百姓来参与、决定新景点的命名。这也是让广大市民和中外游客进一步了解新西湖、熟悉新西湖、共享新西湖，并且，以此作为传承文脉、申报"世遗"的实际行动。事实上，在申遗过程中，世界遗产组织也十分看重当地群众的参与度与热情。正是基于这样的深层考虑，就有了"三评西湖十景——我最喜爱的西湖新景点"评选活动，邀请海内外所有关心杭州西湖的人士为西湖美景命名。

西湖不仅有美景还有美名，两者相辅相成，伴随着西湖走过千年。其实，杭州除了有历史上闻名的"西湖十景"外，另外已经有了一组"新西湖十景"，而"新西湖十景"的诞生早在1985年，也就是说，上一次的类似评选还是在20世纪的80年代。

1984 年，国务院将杭州列为我国著名风景城市，国内外游客大增，不少景点拥挤不堪；当时，市园文局已多次对西湖景观进行整治，恢复与新建了许多景点。鉴于此，许多学者与市民纷纷提出要求，要新增更多的景点来分散游客，令人在宽松气氛中欣赏西湖。于是，市园文局就联合杭州日报，共同发起了"西湖新十景"征集、评选活动。由于西湖在国内游客心目中拥有崇高地位，而在当时，这类评选活动也实属创新，所以，消息一出应者云集，参加者竟多达 5 万余人。经过读者投票、专家评委复审，最后评出西湖新十景：云栖竹径、满陇桂雨、虎跑梦泉、龙井问茶、九溪烟

| 吴山天风

| 宝石流霞

| 满陇桂雨

| 黄龙吐翠

| 玉皇飞云

第五章 聚焦：用世界遗产的视角重新认识西湖

树、吴山天风、阮墩环碧、黄龙吐翠、玉皇飞云、宝石流霞。西湖新十景的评选，起到了进一步提高西湖知名度的作用，但由于当时评选比较匆忙，也缺乏经验，有些景名，群众仍感不甚满意。

从2002年开始，杭州市委、市政府连续实施了西湖综合保护工程，逐年推出"新西湖"，新的西湖景观不断展现在世人面前。

让我们梳理一下那些值得纪念的珍贵瞬间：

2002年，建成开放西湖南线、雷峰塔、万松书院"一带两点"景区，首次推出"新西湖"。当年的10月1日，当"新西湖"第一次亮相时，曾

| 云栖竹径 | 阮墩环碧 | 龙井问茶

| 九溪烟树 | 虎跑梦泉

— 227 —

有10万人手拉手拥抱"新西湖":当时的市委书记王国平、市长茅临生和市领导虞荣仁、于辉达、朱报春、王建满等与广大市民和中外游客手牵手,环湖一圈共同祝愿西湖更美丽,杭州更繁荣。

2003年,建成开放杨公堤、新湖滨和梅家坞茶文化村"三大景区",第二次推出"新西湖"。

2004年,建成开放"一街二馆三园四墓五景点"十五景,第三次推出"新西湖"。9月28日下午,省委书记、省人大常委会主任习近平,省委副书记、省长吕祖善和王国平、钟山、孙忠焕等省市领导一起,兴致勃勃地考察了西湖综合保护工程新景点。

2005年,完成两堤三岛修缮、龙井村整治、龙井寺整治、北山街部分景点建设、西湖博物馆建设、韩美林艺术馆建设、灵隐头山门牌坊整修挂匾、西湖学研究院组建等八大项目,第四次推出"新西湖"。

2006年,完成灵隐景区综合整治一期、吴山景区综合整治一期和"龙井八景"恢复整治三大项目,第五次推出"新西湖"。9月30日上午,原中顾委委员、省委书记、省顾委主任铁瑛宣布西湖综合保护工程第五批三大项目竣工开放。省委常委、市委书记、市人大常委会主任王国平致辞。市委副书记、市长孙忠焕主持典礼并介绍了西湖综合保护三大项目有关情况。省政协副主席陈昭典、冯培恩,浙江大学校长杨卫,省军区副司令员卢立银,市四套班子与杭州警备区领导虞荣仁、于辉达、朱报春、叶明、顾树森、盛继芳、于跃敏、张鸿建、吴键、丁德明、李松春、林振国、朱荫湄、陈重华、沈坚、施锦祥、蒋福弟、鲍世甲、曾东元、俞国庆、陈振濂、韩国熹、李大清等参加了竣工典礼。

2007年,实施灵隐景区综合整治二期、吴山景区环境综合整治二期、高丽寺恢复、南宋官窑博物馆扩建二期、八卦田遗址保护、虎跑公园保护整治、虎跑路沿线及满觉陇村庄整治等七大项目,第六次推出"新西湖"。

……

经过这些年的努力,环西湖沿线已全线贯通,环湖七大公园、六大博物馆等53处景点免费开放,恢复重建的自然人文景观达到了100多处。

秉承先人对西湖美景品评的做法,开展三评"西湖十景"活动,就是要让杭州广大市民当好"薪火传人",传承历史文脉,为保护西湖、申报"世遗"奠定广泛的群众基础,通过评选活动进一步使杭州老百姓了解西湖、热爱西湖、保护西湖,让他们真正成为西湖的主人。

西湖风景名胜区管委会专门成立了评选办公室,还特别设立了外围工作小组,组建参选景点所涉及单位的联络员队伍,提供各景点的客流分布和评选动态,让市民和游客们更了解、更方便参与三评"西湖十景"的全过程。

而这一次的"三评西湖十景"从某种意义上说,更可以看作是西湖申遗的一次全民总动员。

通过报纸、电视等大众媒体,由专家们为大家讲述开始于南宋的西湖命名往事和"西湖十景"的命名特点:

据现有资料推断,最早提出"西湖十景"之名,是南宋的文人与画家。南宋著名学者祝穆在《方舆胜览》一书中曾这样介绍杭州西湖美景:"好事者尝命十题,有曰:平湖秋月、苏堤春晓、断桥残雪、雷峰落照、南屏晚钟、曲院风荷、花港观鱼、柳浪闻莺、三潭印月、两峰插云。"

《方舆胜览》是记述南宋全国地理总志类著作,最早刻印于宋理宗嘉熙三年(1239),可见此前,人们已经在传诵西湖十景之事。

南宋的"西湖十景"特点十分鲜明:一是以西湖为范围,多局限于白堤、苏堤及西湖周边;二是多为文人画家定名,被当时及后人、市民、文人或者官宦所承认,是自发性的;三是四字一景,文字精练,把景点与意境融合在一起,以意境见胜,令人回味无穷。

现如今,经过保护整治后的西湖,正如一幅山水长卷呈现在世人面前:白堤的碧桃垂柳,苏堤的连绵绿廊,三潭的园林仙境,阮墩的清幽野趣,龙井的氤氲茶香,北山的艺术氛围,灵隐的宗教气息,吴山的民俗风情……

面对新西湖,我们在吟诵苏东坡的名句"欲把西湖比西子,淡妆浓抹总相宜"时,感到更加贴切。我们可以告慰先贤,也无愧于后人,因为我们传承了历史,延续了文脉。

新西湖不仅代表了山水美景,也展现了独特文化气韵,"三评西湖十景"集中体现了西湖的历史内涵。

大众媒体连篇累牍宣传的同时,西湖博物馆前的广场、杭州市青少年宫广场、中山公园、灵隐、湖滨、花港公园门口,都竖起了参评景点图文介绍的展板,并现场进行参评表的发放。三评"西湖十景"的参评表甚至发放到了社区,派专家去社区讲解,派专人去社区接受市民咨询,可以说,这真是一次全民的总动员。

在凯旋街道和谐苑,一场别开生面的现场推举会正在进行。

街道居民朱馥生在杭州小有名气,他是中国现代史学会、中华诗词学会和中国楹联学会会员,也是地地道道的杭州人,当时已经80多岁了,他也兴致勃勃地赶来参加推举会。

早在几年前,朱馥生参加了杭州市历史学会等8家学术团体联合举办的第五届西湖文化研讨会,提出了再评一个"西湖十景"的倡议,《联谊报》

等报刊对此专门作了报道，引起社会各界的强烈共鸣。现在看到报纸上的消息，说杭州第三度西湖十景评选活动已经启动。"我如愿以偿，心里很激动。"老人抑制不住喜悦，赶紧来领取了参评表。他还建议说，这次的评选应该自然景观与人文景观并重，历史厚度与文化内涵并重——看来，西湖作为东方文化名湖的申遗概念已经得到了全民的共识。

杭报集团编委、杭州网总编辑姜青青是园文系统跑线记者出身，同时，也是一位学识渊博的文史学者。他也曾参与了1985年版"新西湖十景"的评选，并且是"三评西湖十景"专家组的成员。这一次，他应邀来到凯旋街道为社区居民作"三评西湖十景"的讲解。

"赖有岳（飞）于（谦）双少保，人间始觉重西湖。"西湖有三面云山、六桥烟柳，还有梁祝故事、白蛇传说，更有白居易、苏东坡的诗词唱和，西湖景致因为自然景观和人文景观的虚实结合而相得益彰，并达到了一种天人合一的境界。

"南宋时期出现的'西湖十景'更是一次划时代的重要的人文化过程，自然的西湖被赋予了文人的美学和生活的追求，形成了西湖文化。而1985年评选'新西湖十景'，可以看作是一次西湖文化的大众化过程；现在的'三评西湖十景'更是西湖文化走向国际化的重要一步，它将向海内外展示西湖文化是如何传承和发展的，西湖保护是如何接轨国际的，这也将为西湖的'申遗'添上坚实的一笔。"

——毕竟是总编辑，寥寥数语就将"三评"的历史传承和现实意义讲得清晰透彻。

来自该街道13个社区的150余名居民代表认真聆听了特邀文史专家对"三评西湖十景"的介绍后，认真填写了心仪的十个景点名称。

东方文化名湖——西湖申遗纪实

而在杭州日报的网上会客厅里，该报《民生正前方》栏目，也通过接听热线85109999、网上在线交流，为市民答疑解惑。

西湖风景名胜区管委会副主任刘颖，"三评西湖十景"专家评委、杭州文史专家王其煌以及西湖博物馆馆长吴胜天一起做客会客厅，与市民畅谈"三评"活动。

网友高木提出了一个最令人兴奋的问题：杭州已经有了二评、三评，还会有四评、五评吗？这样的景点评选多久评一次较合适？

专家王其煌同样也很兴奋，他回答说：从始于南宋画家、文人并逐渐约定俗成的"西湖十景"，到20世纪80年代的二评西湖十景，不但拓宽

| 万松书缘 | 北街梦寻

| 湖滨晴雨  | 三台云水

— 232 —

了西湖著名风景区的范围，而且进一步扩大了西湖的知名度。这次的"三评"，无论从评选的范围、方式和过程，都是前两次所不能比拟的，它的影响更大、更广。"我个人认为，随着西湖景区的不断整治和恢复，西湖景点应该越来越多，所以我想应该继续利用'西湖十景'的品牌，在适当的时期再进行四评、五评的评选活动，因为人们对文化的认识、对景观的要求，以及欣赏价值的认同都是不断深化的。"

这次的"三评西湖十景"活动经过群众推举景点景名、景点投票、景名投票3个阶段，从2007年2月到10月，历时9个月，终于确定了灵隐禅踪、六和听涛、岳墓栖霞、湖滨晴雨、钱祠表忠、万松书缘、杨堤景行、

| 六和听涛 | 岳墓栖霞  | 杨堤景行

| 梅坞春早  | 灵隐禅踪  | 钱祠表忠

三台云水、梅坞春早、北街梦寻等新新西湖十景名。

"三评西湖十景"的评选对象是以西湖综合保护工程恢复、整治的 145 个自然人文景观为主,后来又加入群众呼声较高的 4 处传统景点,参评景点达到 149 个,在各地历年评选活动中名列前茅,创下了参评景点范围之最。

同时,"三评西湖十景"参与总人数高达 33.86 万余人,其中有效总投票数约 29.74 万张,也创下了参评人数、票数之最。

活动的参评者自然是以杭州及浙江省内群众为主,但却遍布全国各地,甚至辐射全球。全国几乎每个大城市和港台地区都有人员参与投票,美国、加拿大、澳大利亚、新加坡、巴西、日本等海外游客也相继加盟,其中浙江大学留学生参选景名更是掀起了海外友人集体参评的高潮。30 多万参与者中,覆盖了少、青、中、老等各个年龄段,其中年纪最大的是居住于采荷街道双菱社区的 97 岁女寿星钟雅正老太太;而且,参与者普遍具有较高的文化素养,78.3%具有大专以上学历,其中知识界人士占 26.8%,不乏大学教授、文化界名人。如原中国书法家协会主席沈鹏写信评点和建议,戏剧表演艺术家宋宝罗馈赠了自创印章和国画等艺术精品,对本次活动表示赞赏。

这次的"三评西湖十景",还开展了多项附加活动:如"新西湖之歌"全国征集活动、"西子佳人"——"三评西湖十景"形象代言人选拔活动、"中华名湖西湖秀"大型主题活动,既提高了活动的影响力,又形成了声势浩大的西湖申遗"合奏"。

现在,就让我们等待精彩正剧的上演——

第六章 收官：西湖圆了一个梦

第六章　收官：西湖圆了一个梦

木心在他的名篇《九月初九》里说：

中国的"自然"与中国的"人"，合成一套无处不在的精神密码，欧美的智者也认同其中确有源远流长的奥秘；中国的"人"内充满"自然"，这个观点已经被理论化了，好事家打从"烹饪术"上作出不少印证，有识之士则着眼于医道药理、文艺武功、易卜星相、五行堪舆……然而那套密码始终半解不解。因为，也许更有另一面：中国的"自然"内有"人"——谁莳的花服谁，那人卜居的丘壑有那人的风神，犹如衣裳具备袭者的性情，旧的空鞋都有脚……古老的国族，街头巷尾亭角桥堍，无不可见一闪一烁的人文剧情、名城宿迹，更是重重叠叠的往事尘梦，郁积得憋不过来了，幸亏总有春花秋月等闲度地在那里抚恤纾解，透一口气，透一口气，这已是历史的喘息。

所幸，中国的"自然"与"人"这套精神密码用到西湖上终究打动了世界。杭州城与西湖的关系演变，自然与人，就这么不咸不淡地处了两千多年，然后互相渗透，互相造就，变得你中有我，我中有你，眼睛眉毛，密不可分，虽由人作，宛自天开，一起成为贡献给世界的文化景观遗产。

西湖要圆一个梦，西湖申遗也走到了最后的关头——

1. 申遗前的最后一波国际范儿操作

拜访世界遗产专家，听取意见，建立联系，这是西湖风景名胜区管委会要做的事。然而，这些世界遗产专家散布在世界各地，而且一个个也都忙得像"空中飞人"，要想去一一拜访，那要拜访到猴年马月？不能走出去，怎么办？何不请进来呢？于是，就有了2008年6月在杭州举办的"2008世界遗产保护杭州论坛暨国际古迹遗址理事会亚太地区会议"。

论坛是国家文物局和杭州市政府联合举办的。此前，杭州已经确定了"西湖申遗三年行动计划"和"西湖申遗未来十年重要工作"，申遗文本和申遗整治规划正在着手编制，"确保西湖申遗一次成功"的口号也被响亮地提了出来。论坛的召开将有利于与联合国教科文组织世界遗产中心、世界古迹保护组织、国家文物局及国内外有关专家的联系沟通，争取他们对西湖申遗的更多支持，从而加快西湖申遗的进程。

这次的论坛邀请到来自15个国家的近百位学者参加，他们中有很多人其实是第一次来杭州，第一次近距离地了解西湖。杭州，为他们提供了一次相聚在西湖的机会；而在水光潋滟的西子湖畔开会的他们，则给西湖提供了更大的机会。

通过实地考察和论证，国内外的很多遗产保护专家都认为，"西湖是一处活态的文化遗产地"。

第六章 收官：西湖圆了一个梦

西湖本质上是一种不断演进的始终活着的文化遗产，是以山水等物质世界为依托，以儒家审美导向为基础，创造出来的美的典范。这是西湖作为文化遗产价值的独特性、唯一性的所在。西湖的自然美中，也折射出中国传统哲学、美学、人文、建筑等诸多的文化底蕴，而她的人文美，则又渗透出了许多的自然的物候的景象。作为自然和文化高度复合产物，西湖一直保持着历史的原貌，其个性特征没有被湮灭，也没有被改变，始终具有鲜明的民族特征和时代特征，也符合世界遗产必须符合的普遍价值。

这样的论断既鼓舞了西湖申遗的信心，也确立了后来的申遗文本的总基调。

2008 年 6 月 27 日，在另一个会场，当时的杭州市政协主席孙忠焕陪同全国政协副主席陈奎元以及来自全国、省、市政协委员、文史专家学者也在为西湖的保护申遗"破题"。"用中国文化的符号加入世界文化遗产的行列"是《杭州日报》报道这次会议的标题，也是政协委员们共同的心声。

与此同时，民间的国际交流活动也在紧锣密鼓地进行着。100 多位世界法语区的文学家也被邀请来杭州参加采风活动。

"法语是世界上最美丽的语言之一，而杭州在意大利旅行家马可·波罗的笔下是'最美丽华贵之天城'。用最优美的语言描述最美丽的城市，必将是一件令人感到兴奋和期待的事情。"法兰西院士 Alain Destrem 在演讲中这样说。

这个法语文人作家协会是 1838 年由著名作家雨果、巴尔扎克、大仲马、乔治·桑等人创建的。今天，世界上约有一亿五千万法语人口，这个协会横跨几十个国家，表明了法语文学的强大魅力，也体现出了世界文化的多样性。这是杭州首次针对全球法语区国家进行的营销。由于联合国教科文组织就在法国,这次的采风活动和文学论坛也将从侧面声援西湖的申遗工作。

法语区文学家们参观了西湖、西溪湿地、南宋御街、胡雪岩故居等地,并观赏了《印象西湖》表演,在两天的时间里切身感受了西溪的晴和西湖的雨,真正体会到了"水光潋滟晴方好,山色空蒙雨亦奇"的西湖韵味。

在上海工作的法国人白诗天来中国还没几个月,他说,在来杭州之前,他只听说杭州的美,却无法想象,因为在他的印象中,只存有上海和北京那样的大都会之感。

"杭州和上海或者北京真的截然不同,她婉约,却又丰富,她与巴黎有着许多的相似,她们都那么完美地交融了古典和现代。在湖的这一边,我看到了繁荣的经济,在湖的那一边,我看到了历史留给这个城市的古典韵味。啊,西湖真是太美了!"

Alain Juno 不改法国人的幽默风格:"西湖太美,以至于我的鞋子都湿了!当然不是被她的湖水弄湿,而是这雨水!哈哈!但是我还是喜欢,这里就是一片人间净地,我是外国人,但今天我在杭州,所以我真的很欢迎国外的游客能够都来杭州、来西湖看看。"

眼睛灰蓝,头发灰白的法国历史教授 Raymond Le Ruyet 先生也是第一次来杭州。他说,在湖上泛舟时,仿佛看到了这一湖水荡漾着这儿的人们那浪漫的爱情;而在灵隐寺,又看到了人们对信仰的虔诚。"我真的想不好如何形容西湖,太多人说她美,我不想用'美'这个词了,但是我还没想好用什么代替。只不过,真的要好好保护,这是前人留给我们的财产,我们有理由支持她申遗成功!当然了,西湖申遗,我也相信一定会成功,因为她值得被欣赏,值得被保护。"

当天晚上，杭州市人民政府盛情款待了出席论坛的中法嘉宾，希望世界法语区文学家代表能把杭州的美留在自己的美好记忆中。杭州市旅委主任李虹希望法文作家们像马可·波罗一样地多写写杭州。

于是，法国著名画家、建筑师、诗人 Alain Juno 不禁提笔，写下一首小诗，他给它取名，叫《发现》——

我们被引导着 / 轻轻地来到这片活水 / 印下我们的足迹 / 延续到岸边

与自然融合在了一起 / 依稀可辨的 / 那隐隐地显现出的这个建筑 / 纯洁的线条

这个遗产的圣地 / 夹带荣耀的矗立 / 很快，她的历史 / 将再次活跃我们的心灵

丰富，是他们的思想 / 这些有智慧的人啊 / 他们已经在守护着 / 这片土地，和她的高贵

我热爱这个地方……感谢她的存在。

2. 给西湖一个"柳暗花明"的理由

就在西湖申遗高奏凯歌、一片欢声中，它却好事多磨地在不知不觉中走进了一片"山重水复"的境地——

根据国家文物局建议，杭州市政府向浙江省政府提交了要求将西湖正式列入 2010 年中国世界文化遗产申报项目的请示。省政府高度重视，批准将西湖列为浙江近年申遗的优先申报项目，并正式上报国务院。但就在这

个过程中，却遭到了来自住建部的"质疑"。

2008年9月，住房和建设部《关于我国2010年世界遗产提名项目事项的复函》中，对中国联合国教科文组织全国委员会提出的申报名单提出了异议，认为涉及世界文化景观遗产，应由住建部和国家文物局共同负责组织。在《复函》中，住建部还明确说：鉴于管委会还存在一些建设管理等方面的问题，暂不同意当年申报"杭州西湖景观"。

根据原本的分工，建设部（2008年3月机构改革后更名住房和城乡建设部，简称住建部）负责世界自然遗产的申报，国家文物局负责世界文化遗产的申报，而"文化景观"属于国际上后设的遗产项目，尽管世界遗产委员会明确"文化景观"从属于文化遗产，但在我国国内，尚没有明确的职责划分，住建部认为"涉及世界文化景观遗产，应由住建部和国家文物局共同负责组织"。

再说了，"鉴于管委会还存在一些建设管理等方面的问题"，也不是空穴来风。问题主要来自杭州某一地块的建设项目。

这一地块位于庆春路与延安路的交界处。如果从远的说，在南宋时期，这里曾是抗金名将岳飞的府第，后来又作了南宋的太学；如果从近的说，这里曾是"四校合并"之前浙江医科大学的校址。根据原浙医大地块的受让者——香港嘉里集团拿出的规划方案，这里将矗立起85米高的建筑群，称为"杭州嘉里中心"。如果这个项目付诸实施，那么85米的嘉里中心将成为"西湖第一楼"。

早在2008年8月，周干峙、郑孝燮、罗哲文、谢凝高、孟兆祯等5位老专家就联名写信，提请制止距西湖岸边200米、重点保护区内兴建85米的"西湖第一楼"项目。现在，住建部提出了"建设管理等方面的问题"，也是有针对性的，应该说也是对西湖保护和申遗的一种把关、促进和提升。

拿到住建部的复函，西湖申遗的参与人员好像被当头泼了一盆冷水。"2010年正式申遗！""确保西湖申遗一次成功！"话都已经放出去了，老百姓也满怀热情地期盼着，没想到，阳光灿烂的晴空转瞬间变得阴云密布！

怎么办？

事到如今，开弓没有回头箭！要圆西湖的千年之梦，哪能遇此就打退堂鼓！

住建部的复函中不是说"暂不同意"吗？既然是暂不同意，就是暂时的了；既然是暂时的，就是还有回旋余地；只要有回旋余地，那就还有胜利的希望！关键是实实在在地解决相关问题。

经与香港嘉里集团协商，杭州嘉里中心的建筑高度将会下降到56米。除了嘉里中心，香格里拉饭店的东楼也要"变矮"。从白堤往宝石山方向看，有一片白色的建筑，那就是香格里拉东楼。已经有45年历史的饭店东楼，为配合西湖申遗，必须"降层"，以便能躲进绿树掩映之中。

同时，市规划部门重新审视、编制城市景观规划，计划对中河路以西临近西湖的高楼（24米以上），进行集中的优化整治。范围包括中河路以西、西湖以东、文三路以南、万松岭路以北，面积大约为7.3平方千米，这个区域被称为规划整治区域。建筑屋顶的造型、高楼的颜色、广告的大小（包括能否设立广告）、灯光的强弱、体量，都要重新进行调配，按照一楼一方案来设计。

除了7.3平方千米的整治范围，还有一个68平方千米的规划控制范围，位置为中河路以东，沪杭甬高速公路以西，德胜快速路以南，江南大道以北。这个区域内甚至涵盖了钱江新城、滨江、萧山钱江世纪城等几个重点发展地块，该区域的建筑高度、体量、高楼之间的距离，都将按照西湖景观的要求进行控制。

有人问道：钱江新城、滨江、萧山，那么远的地方造个房子，也会影响西湖景观？

答案是肯定的，相关部门曾让滨江一幢楼降低了50多米，因为在能见度好的情况下，从西湖上看过去，就像是吴山上竖起了一个保俶塔。市民中心的规划高度也曾达到过200米，甚至300米，后来怕影响西湖景观，改到了120米。

城市限高，是为了对西湖景观的保护，也是为了西湖的"世界高度"！

杭州的努力终于换得了中央有关部门进一步的支持和理解，他们在西湖申遗问题上基本达成了共识！

2009年1月24日，杭州西湖申遗文本经国家文物局初审后，正式送往总部位于巴黎的联合国教科文组织世界遗产中心。

现在看来是万事俱备，只欠东风了。谁也没有想到，"东风"到来之前，居然还会一波三折！

2009年3月，申遗办接到通知说，西湖文化景观申报文本因缺少一份足够比例的地形图，被世界遗产中心认定为不完整，不予受理！

"其实，这个图我们是送上去的，刻成光盘，跟文本一起送上去的，可以打开随意缩放，只是他们连看都没有看。"申遗办公室的同志至今还在叫屈。

但现在说什么也没用了。

王水法听到这个消息可真也被打蒙了！这可怎么办？联合国啊！可不

比去趟北京好做工作！都已经信誓旦旦地说要毕其功于一役，说要在2010年成功"申遗"，现在可怎么见江东父老啊？难道真的是"人算不如天算"吗？一时间，思绪混乱得一塌糊涂。他当时正在舟山，听到消息连夜赶回杭州。当时从舟山到宁波还得摆渡，好不容易到了宁波，车胎却被钉子戳破了，半夜三更开下高速换轮胎，那一夜的狼狈样子，现在想来还捏一把汗。

第二天一大早，王水法比市委、市政府任何一个人都早地赶到了，等在电梯厅里。那一夜，他也根本没能入睡。王书记来了，气鼓鼓地看都不看他一眼。他只好像个犯了错的学生一般，跟进了电梯。

"王水法，你们为什么到现在才知道这个消息？你不是口口声声说，你们与世界遗产中心保持密切联系的吗？为什么事先不知道这个情况？我告诉你，西湖'申遗'的任何一个'闪失'，你我都难辞其咎！"

王书记的情绪从没有这么激动过，这种心情可以理解。他对西湖申遗实在是太过上心，对杭州的那份责任和对西湖的那份热爱都使他受不了这样的打击。

而王水法的心情其实也一样："我倒希望他骂得厉害，这样我反而好受一些！"

你们为什么才知道？——才知道是因为人家远在巴黎；你们以前的工作是怎么做的？——其实，图纸我们没有少送……

一切的解释都是多余的了。

西湖申遗，就这样注定要好事多磨地被拖延一年！

但是，一切的汗水、口水、泪水甚至血水，都是能感动上天的。而这，就已经写下了"柳暗花明"的理由——西湖，终将迎来它圆梦的一天！

3. 申遗六扇门，西湖打开了三扇

时间恐怕是最能代表天意的。

推迟一年，报纸上此前说的 2010 年恐怕是不成功了，但是我们还有 2011 年！

申遗领导小组多方出击，与住建部、国家文物局、中国联合国教科文组织全国委员会、联合国教科文组织遗产中心等进行多次沟通，世界遗产中心要求于明年，即 2010 年 2 月 1 日前补充完整西湖申遗文本，提交能够清晰显示遗产边界的地形图。

出于对西湖申遗的支持，世界遗产中心主任班德林第二次来到了杭州，这一次，他是专程来考察和指导西湖申遗工作的。

班德林一头银发，在 2004 年他就来过杭州一次，而那一次，杭州本不在他的行程计划中——当年，班德林在苏州考察第 28 届世界遗产大会的准备情况，听到了"上有天堂，下有苏杭"这句美誉，了解到杭州西湖也被列入中国申遗的预备清单，就特地抽出半天的时间来看了一看。而现在，时隔 5 年，班德林再次来到了西湖。

那两天正好是 2009 年 9 月 29 日、30 日，国庆黄金周前夕。2004 年班德林来杭时曾提出两点个人想法：一是适当控制游客数量，他认为过多的游人将给西湖环境带来负面影响；二是西湖一定要有自己的特色。西湖申遗文本和保护规划还有这几年的西湖景观修复整治都是围绕这个中心的。这些问题引起了杭州的高度关注，相关部门制订了景区车辆限号限行等一系列措施。

班德林这一趟考察的线路是：钱塘门遗址、平湖秋月、飞来峰灵隐寺和六和塔。再游杭州，班德林的最大感受是：西湖的遗产保护工作做得越来越好。班德林表示，杭州在保护碑、亭、历史建筑等，做了很多相当到位的工作，同时对游客的管理方面有显著的改善，对西湖价值的保护意识更强了。班德林希望，西湖能在明年2月的截止日期前，递交世界文化遗产的申请报告，在2011年，他们将派专家前来对西湖进行全面评估。

在问及与世界上的其他申请地区相比，杭州西湖有哪些优势时，这位"把关人"也放开了说，他认为，西湖的开放程度更高，整个景区都被城市

平湖秋月

所包围。"西湖在自然、历史、文化、艺术等方面都拥有很高的价值,这是它的特别之处;此外,管理体系非常完善。我们更看重的是,管理体系要很强大。总的来说,西湖申遗的潜力非常巨大。"

潜力非常巨大!这是我们第一次从世界遗产组织官员口中得到的信息。几个月前的阴霾终于一扫而空,西湖迎来了柳暗花明的亮堂前景!

不过,要让西湖真正步入世界遗产的殿堂还是有几道门槛需要跨越。

申遗文本用了很大的篇幅陈述了西湖申遗的"列入理由"。

西湖申遗,要让"欧美的智者"也认同你自然与人合成的精神密码,确实不那么容易。这里面有六大价值,像是并排的六扇门,你得进得了其中随便一两扇门,才能登堂入室,达成共识,拿下世界遗产的称号。这"六扇门"分别是:创造价值、交流价值、见证价值、典范价值、环境价值和关联价值。

后来,国际古迹遗址理事会专家们所作的报告认为:西湖"符合二、三、六类价值标准",即满足交流价值、见证价值和关联价值。西湖打开了世遗的三扇大门。

六扇门之一:交流价值

> 是一种建筑、建筑整体、技术整体及景观的杰出范例,展现历史上一个(或几个)重要阶段

交流价值就是看你对其他人有没有影响,有没有交流,交流过程中又产生过什么重大影响?西湖是中国山水美学的母本,看看颐和园、昆明湖

等名湖就可以知道个大概，18世纪的皇家园林均有西湖十景，大量采用了西湖的设计理念，其核心为一池三岛，西湖的一池三岛符合中国神话传说仙山的布景和审美意趣。既然这些模本都是世界遗产了，西湖母本还不是世遗就有点说不过去了。

西湖对东亚周边国家13—20世纪景观营造美学价值观的改造，厥功至伟。为了收集有关这方面的资料，申遗办的同志们专程跑到日本，翻拍博物馆里收藏的室町、江户时期日本人画的西湖图，作为交流价值的证据。日本目前有十多个公园，像西湖堤、锦带桥这样的元素随处可见。而除日本之外，西湖十景的题名景观对朝鲜半岛也有影响，比如汉江八景、大丘十咏、平壤八景等，甚至朝鲜半岛士大夫的思想亦受到西湖历史文化的影响。这些都要找到证据，写论文进行研究。说来也巧，后来被派来西湖作实地考察的专家朴素贤就是一个韩国人，一位在美国长大的韩国人，毕业于美国康奈尔大学，著名的遗产专家。她坐画舫船的时候就拿出一张韩国人用得最多的1000元面额的韩国钞票，纸币上印的人物是朝鲜中期的文臣性理学大家、退溪学派的开创者李滉，于是，她和陪同人员开始聊起文化。陪同人员向她介绍了中韩历史景观文化的交流影响与融合，讲了林和靖、金昌翕，对方听后，频频点头。

六扇门之二：见证价值

能为传衍至今的或已消逝的文明或文化传播提供独特的或至少是特殊的见证

烟霞洞造像

西湖见证过什么历史时期的文化特征和现象？西湖景观中现存的一系列历史文化遗存，包括摩崖造像、佛教建筑、祠墓建筑、藏书建筑和西湖龙井茶等多种类型，见证了13—14世纪两个高度发达的亚洲文明——草原文明的蒙元文化与农耕文明的赵宋文化在中国东部江南地区的碰撞；见证了中国历史上的唐宋佛教禅宗文化、儒释道三教的融合、血缘社会传统忠孝文化、传统文人士大夫的隐逸文化、中国江南传统的藏书文化以及唐宋时期茶禅文化的发展过程。

"西湖景观"为中国传衍至今的佛教文化、道教文化以及忠孝、隐逸、藏书、茶禅、金石等中国古老、悠久的文化传统的发展与传承提供了特殊的见证；作为长期演变而成的文化景观，它以特有的景观吸引力和文化魅力，吸附和融汇了一系列富有代表性的文化史迹，赋予了西湖景观极为深厚的文化内涵。

举一个简单的例子，"六和塔"就是中国古代早期八角楼阁式塔的杰出代表之一，塔内现存的须弥座束腰上的174组宋代砖雕，为中国最早的建筑专业著作《营造法式》提供了直接的、珍贵的物证。

第六章 收官：西湖圆了一个梦

文澜阁

六扇门之三：关联价值

  与具有突出的普遍意义的事件、活传统、观点、信仰、艺术作品或文学作品有直接或实质的联系

  所谓关联价值，就是要跟历史文化、文学艺术作品有密切关联，"西湖景观"是10个多世纪以来中国传统文化精英的"精神家园"，中国人世代向往的"人间天堂"；它以"寄情山水"的文化特性引发了数量特别巨大、雅俗共赏的文学和艺术作品。有关西湖的文艺作品，持续时间之长、数量之多，中国少有其他景观可与之媲美。在东亚地区9—17世纪之间，西湖景观在近千年的历史上引发了总计1800万字、400余种的文学作品和2000幅以上的著名绘画作品，承载了唐、宋、元、明、清，乃至近代和现代社会各

— 251 —

阶层的情感寄托和审美享受。中国著名的四大古典爱情传说中的《白蛇传》《梁山伯与祝英台》的发生地就在西湖；岳飞、于谦、张苍水等人事迹又与中国传承至今的忠孝文化等传统直接相关；《马可·波罗游记》中对杭州、对西湖的描绘篇幅也大大超过其他任何一个城市。

在这份长达436页的西湖申遗文本中，用了整整80页的篇幅，令人信服地打开了世界遗产的"三扇大门"。这不仅第一次全面梳理了西湖景观的"六大要素"，告诉人们西湖到底是什么；还针对性地阐述了世界遗产"六种价值"中与西湖相吻合的"三种价值"，论证了西湖应该列入世界遗产的三种理由。

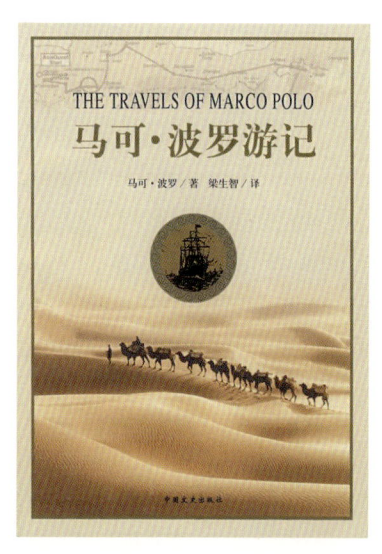

《马可·波罗游记》

文本又将西湖与湖泊类遗产、园林类遗产进行了比较分析，与意大利马焦雷湖、缅甸茵莱湖比较，与英国湖区国家公园、明清皇帝园林比较，得出了西湖独一无二的结论。

就世界遗产委员会特别关注的"真实性和完整性"问题，文本中也作了专门的论述：西湖水域岸线的历史性、城湖位置的历史性、堤岛位置的历史性、文化史迹的外形、设计等都真实无误；大尺度的西湖自然山水完整保存、独特的城湖空间特征完整保存、独创性的"两堤三岛"景观格局完整保存、经典的"西湖十景"题名景观系列完整保存、独具特色的四季花卉和西湖龙井茶园植物景观完整保存……

如此内容翔实、说理雄辩的申遗文本，难怪连国外专家都夸奖说是中国申遗文本中最好的一个。

完美！这已经是一份无可挑剔的申遗文本了。现在，这份由无数人、无数机构历时几年通力合作的心血，正在无限接近胜利的曙光。

申遗文本

4. "把信交给加西亚"

世界遗产中心里并没有一个叫"加西亚"的人。

《把信交给加西亚》是阿尔伯特·哈伯德的小说，讲述美西战争时期，美国必须立即跟西班牙的反抗军首领加西亚取得联系。加西亚在古巴丛林的山里，没有人知道他的确切地点，无法带信给他。美国总统为了尽快地获得他的合作，找到一个叫罗文的人，让他带信去找加西亚。罗文拿了信后，怎样历经艰险，怎样排除万难，最终把信交给了加西亚——这些细节都不是重点，重点是：总统把信交给了罗文，而罗文接过信之后，并没有问"他在什么地方"。

任务就是天职，任务比天还大！

这本小册子自问世以来，迅速传遍了全世界，"把信交给加西亚"这句话已经成了忠诚、敬业、服从、勤奋的象征。故事很简单，但其中却蕴含着学习、工作与创业的诸多道理。

现在，周建平接到任务，"把信交给加西亚"。

吸取 2009 年通过有关部门递交文本却在数月后被打退票而耽搁一年的教训，这一次，决定派人亲自送去。时任西湖风景名胜区申遗办副主任的周建平担负起了这个光荣的使命：必须在 2010 年 2 月 1 日下午 6 点前将文本递交完毕！

根据文本提交的时间节点，2010 年 1 月 15 日，杭州市政府将阐述杭州西湖文化景观遗产价值的文本及保护管理规划纲要递交中国联合国教科文组织全委会。为确保申遗文本在规定时间内完成递交和预审通过这两个目标，杭州市有关领导积极与有关部门沟通、协调，最终中国联合国教科文组织全委会同意并委托杭州市政府提前将西湖申遗文本送往法国巴黎的联合国教科文组织世界遗产中心（UNESCO），以赢得相对充裕的预审时间。

世界遗产中心对申遗文本的审核非常专业、严格，评定结论具有"终审"效力。赴巴黎递交文本，责任重大。

2010 年 1 月 17 日，周建平和同事王圆手捧着沉甸甸的杭州西湖文化景观的申遗文本，心里装着领导的嘱托和家乡人民的希望，向着巴黎出发了。

申遗文本由 436 页铜版纸精心打印的厚厚一本正文和上下两部与之基本等量的附件组成。整个大部头的申遗资料重量达到 10 公斤，比一个新生婴儿的体重还重！现在，这个世界遗产名录里即将诞生的"新生婴儿"就被周建平他们怀抱着赶赴巴黎。

经过 13 个小时的空中颠簸，当地时间 1 月 18 日凌晨 5：30 抵达巴黎。

到了驻地，匆匆洗漱完毕，马上进入工作状态。上午 10：30 即与联合国教科文组织中国常驻团副代表张双鼓先生一同前往世界遗产中心，将文本递交给世界遗产中心亚太地区项目专员景峰先生，并由他和政策法规执行项目专员亚历山大·巴勒萨摩对文本进行初审。

第六章 收官：西湖圆了一个梦

景峰先生逐项查验文本，他表示文本各部分齐全，正文很完整。但他同时也指出，《附件》中国家文物局和杭州市政府的文件批复缺少相应的英文翻译件。周建平庆幸亲自跑来这一趟了，要不然，为这点小疏忽又被打回票，那就冤大了！要不是人在现场，人家打了回票，走半天程序，通知到你手上时，你恐怕都来不及补材料了！

现在好了，周建平立即与国内文本编制单位联系，要求补上对应的翻译件。问题解决，说轻松也就那么轻松，这就是一个规则与程序的问题。

1月19日下午，在时任法国人民运动联盟副主席、中欧名流协会主席阿朗·德斯堤姆和秘书长吴忠先生的安排下，周建平、王圆一行与世界遗产中心主任班德林、项目专员巴勒萨摩及景峰先生会面。巴勒萨摩对此次递交的文本给予了高度评价，他说去年递交文本中地图的边界问题已经得到重视和解决，各项修改意见和建议也被很好地采纳，此次递交的文本不仅内容全面，质量也有明显提升。

班德林已经是我们的老朋友了，他对杭州递交的文本也非常满意，说文本和地图都很完美，可以装订出版，并且建议我们接下来的工作重心可以围绕2010年下半年的专家实地评估和2011年的世界遗产大会的讨论来进行。这等于是告诉我们，初审已经通过了。

会后，景峰先生告诉周建平，等补充的翻译页及国务院批文收到后，立即正式递交文本。景峰还把时间表作了说明：大约3月初，世界遗产中心秘书处会对杭州出具西湖申遗文本的初评结果；8月中旬将派出专家去西湖实地评估，评估意见将在2011年送专家组讨论，并送至2011年联合国教科文组织世界遗产委员会大会进行讨论和审议。

1月23日，添加的对应翻译页和重新印刷的"附件二"顺利抵达巴黎。

周建平他们马上约见景峰先生，景峰先生再次表示，接受西湖申遗文本是世界遗产中心历来最重视的一次，班德林主任亲自审阅，多次听取预审汇报并与预审专家研究探讨，这样的案例以前从未有过。

1月26日，时任中国驻联合国教科文组织大使衔代表师淑云女士将国务院针对西湖文化景观申报世界遗产的相关批复文件带到巴黎。次日，周建平和师大使一起将杭州西湖申遗文本送到世界遗产中心正式递交注册，并把遗产中心的签收单送到联合国教科文组织中国常驻团。

至此，杭州西湖申遗文本顺利递交，预审通过，注册成功。

同年4月，接国家文物局通知，西湖申遗文本顺利通过初审，西湖申遗工作取得重要的阶段性成果。通过国家文物局还了解到，2010年世界遗产委员会接收审议了51处世界遗产申报项目，只有29处通过初审。

"把信交给加西亚"，这是一个有关忠诚、担当、使命、坚持、勤奋和敬业的故事。

5. 临门一脚：西湖迎来"世纪大考"

2010年6月29日一大早，正在南山路上西湖博物馆前晨练的市民发现一支身穿统一工装的施工队伍来到了这里。一名施工人员开始用电锤在马路边上钻眼。突突突的声音立即引起了群众的注意，马上有人上前制止："这里是西湖风景区，你们怎么可以在这里打眼？"——老百姓对西湖的保护意识确实已经很强了，谁要动这里的一草一木，就会立马引来自发的抵制。

工作人员和蔼地向群众解释，根据申遗的要求，将用界址点的形式对世界遗产的申报范围进行圈定。

第六章　收官：西湖圆了一个梦

西湖文化景观遗产界桩 0001 号　　西湖文化景观遗产铭牌 0001 号

就在与群众交谈的当口，施工人员已经用电锤将四个眼钻好，另一名工作人员将一枚小铁牌钉了上去，小铁牌上写着"杭州西湖 0001"。

在场的群众听完解释，知道自己见证了这样庄严的时刻，都禁不住鼓起掌来。欣慰的笑容洋溢在每一个人的脸上，大家似乎都已经看到了胜利的曙光。

这就是西湖申遗的界址桩，一共要安装1383个。沿市区安装得会密些，隔10米一个，沿山区的就疏松多了。

遗产申报区的中心坐标是北纬 30°14′00″东经 120°07′00″，西湖周边的界址点连成的范围就是西湖申遗的申报范围。其四至边界分别为：东起少年宫广场北，经白沙路、环城西路、湖滨路、南山路、万松岭路、四宜路、河坊街、大井巷至伍公山东端；南自伍公山东端，经吴山、紫阳山、云居山东侧山脚，沿万松岭、凤凰山、将台山、玉皇山、丁婆岭、大慈山、白塔岭的山脊线，接钱江一桥北引桥经钱塘江北岸线至浙江大学之江校区

— 257 —

东侧；西自浙江大学之江校区东侧，经大华山东侧山峰，沿虎跑后山、杨梅岭、翁家山的山脊线，接龙井村向北至棋盘山山脊，接天喜山西侧山脚，沿龙门山、美人峰、北高峰、桃源岭、灵峰山、将军山的山脊线至老和山北端；北自老和山北端沿山脚向南接杭州植物园北边界，沿栖霞岭、葛岭、宝石山的北侧山脚，经宝石一弄至少年宫广场北。

设立西湖申遗界址点的消息见诸报端后，杭州市民纷纷赶去寻访，不少人兴奋地在界址桩前留影，其热情不亚于他们后来与西湖世界遗产标志的合影，据说还有人专门沿着1383个界址桩走了一圈西湖。在这些热心市民的眼里，仿佛已经从1383个串连的界址桩中，看到了"世界遗产"的崭新轮廓。

一个月后的2010年7月31日，又有一条让杭州人振奋的消息传来：

> 据新华社巴西利亚7月31日电 中国登封"天地之中"历史建筑群31日在巴西利亚举行的第34届世界遗产大会上，经联合国教科文组织世界遗产委员会批准，被正式列入《世界遗产名录》。
>
> 中国代表团团长、国家文物局副局长童明康在会场接受采访时说，目前世界遗产委员会对保护遗产的要求越来越严格，中国一定会按照《保护世界文化和自然遗产公约》的要求和世界遗产委员会的希望，有效地、有开拓性地开展工作，使得中国的世界遗产能够更好地造福于人民生活。他还透露，中国杭州西湖将在明年作为文化景观申报世界遗产。

今年"天地之中"，明年西湖必中！

万事俱备，只欠东风，杭州市民从未如此急切地盼望着这一天的早日到来，而憋足了劲的西湖风景名胜区管委会的同志们更是摩拳擦掌，跃跃欲试。

浙江省委常委、杭州市委书记黄坤明专程来西湖风景名胜区调研。"西湖是中华人文审美追求的一个'样板'，是中国画的一个'模特'。"他说，"西湖是大自然和人类社会共同赋予杭州人民的宝贵财富，要抓好西湖申遗，交出一份世纪答卷。"黄坤明此行，也可以看作是对西湖申遗的一次战前动员和检阅。

西湖风景名胜区把精兵强将统统押上！

十年磨一剑，霜刃未曾试。今日把示君，为有千古事！

为了突出西湖的文化价值，给申遗加分，申遗办秘书组还邀请了王其煌、尚佐文等专家召开西湖诗词楹联申遗解读工作专题研讨会，委托专家们梳理解读申遗考察路线中涉及的诗词楹联。《西湖楹联集萃》的作者之一、申遗专家组的专家王其煌还充当了景区解说员的"总教练"，西湖博物馆的徐家期、岳庙的许丽丽很快都成了他的"高足"，说起西湖文化个个头头是道。

不过，要想申遗成功，还有关键的"临门一脚"：那就是接受世遗专家的现场考评！

国家文物局对西湖申遗也高度重视，2010年5月14日—17日，专门指派由文物保护司副司长陆琼带队，国际古迹遗址理事会副主席郭旃，中国建筑设计研究院建筑历史研究所所长陈同滨、副所长傅晶，国家文物局世界遗产处处长肖莉，中国国际古迹遗址理事会秘书处王毅等6人组成西湖申遗现场指导组，专程赴杭州进行现场考察指导。

在 15—16 日两天时间里，指导组紧锣密鼓地对二十多处遗产景观要素申报点及监控中心、水质监测站、西湖博物馆（展示中心、监测管理信息平台、游客服务中心）进行了现场检查，并且提出了组织模拟验收的建议。

于是，西湖风景名胜区管委会从最酷暑炎热的 7 月开始，先后组织了 5 次模拟验收的演练。

2010 年 8 月，国际古迹遗址理事会副主席郭旃和国家文物局文物保护司陆琼副司长、肖莉处长正好陪同瑞士驻联合国教科文组织世界遗产委会员代表、联邦文化办公室文化遗产和历史文物部门主任约翰·穆尔勒和约旦驻联合国教科文组织世界遗产委员会代表莫维亚·尤赛夫对西湖申遗工作进行实地考察指导。郭旃、陆琼也兴致勃勃地加入了模拟验收的行列，郭旃扮演验收专家负责"专一挑刺"，而陆琼、肖莉则帮助、指点我方人员"应对"，一攻一防，以子之矛，攻子之盾，搞得不亦乐乎。

这一大批的专家汇聚杭州，甚至对申报点的每一个讲解员都进行了现场指导。许丽丽是当时岳庙管理处的景区讲解员，那段时间几乎每天都要接待各路的"大伽"，有历史考古方面的专家、有诗词楹联方面的专家，也有申遗指导方面的专家。每一块解说牌都被仔细研究，抱朴道院、文澜阁等申遗点的汇报 PPT 被一遍又一遍地放了不下几十遍。每天晚上回家，她都得"消化各种养分"。对于她来说，那段时间学到的东西真是比任何时候都要来得多。

西湖即将迎来它的"世纪大考"。十年之功，成败在此一举，每一个申遗一线的人都不敢大意。那段时间，大家就是在急切而又紧张的心情中度过。

而这一天，终于来到了——

第六章 收官：西湖圆了一个梦

2010年9月26日，一架普通的民航客机降落在杭州的萧山国际机场。

从机上下来一位50岁左右、一头短发、身材娇小、精干职业女性打扮的东方女性，她随身只带了一个轻便的箱子，没有任何随从，然而，她的身份却不可小觑：受国际古迹遗址理事会委派的世遗专家、韩国首尔国立大学教授朴素贤。朴教授长期在美国和韩国从事城市规划教学研究和编制规划设计工作，对城市规划、生态保护及原住民参与遗产保护管理等方面非常专业，她此行的任务就是来对西湖遗产的普遍价值进行现场考评和验收。

这是西湖申遗过程中非常重要的环节，不啻是申遗的一次"大考"，因为这位专家的报告，将直接影响到评委们对西湖的看法。实地考察验收，不仅是对我们多年来申遗工作的一项全面检验，也是关乎西湖申遗是否能为国际权威遗产机构认可的最具决定意义的环节。

为了迎检，杭州已经做好了充分的准备，成立了迎检现场指挥部。但尽管如此，一切还是以"内紧外松"的原则在进行。

简简单单的一束鲜花，没有过度铺张的欢迎仪式，这位承载着千万杭州市民厚望的世遗专家被"低调"地用专车接进了西湖国宾馆。为了不节外生枝，也是为了配合她工作，朴素贤此次的行程都是严格对外保密的。尽管此前的媒体早已热切地报道了世遗专家8、9月份将来杭州作现场评估的新闻，消息灵通的媒体人此刻也已经打听到朴素贤到来的消息，但出于对西湖申遗大局的尊重，所有的媒体都选择了沉默的配合。当然了，朴素贤也希望能在这样的自然状态下最真实、最真切地考察西湖。

她下榻的西湖国宾馆又称刘庄，坐落在西湖的西面，三面临湖、一面靠山，庭院面积就有36万平方米，因环境优美、建筑精巧、陈设典雅而冠居"西湖第一名园"。这座国宾馆也是经常接待国家领导人和重要贵宾的首选场所，它见证了共和国历史上的很多重要事件：五四宪法的起草、《中美联合公报》的签署都与这里有着千丝万缕的关系。将朴素贤安置在刘庄下榻，既表明了省、市政府对她此行、对西湖申遗的高度重视，又恰到好处地可以让她感受到西湖的无穷魅力。

我们不知道朴素贤教授是否有心思享受这国宾馆的一流环境、设施和服务，因为她的行程很紧张，从9月27日到29日，3天时间里她要将与申遗有关的地点和事务，仔仔细细地检查一番，并形成一个评估报告。

而此刻更紧张的是住在国宾馆另一幢楼里的申遗文本团队和申遗办的同志。朴素贤是傍晚抵达的，次日也就是27日一早她就要先听取情况介绍，然后开始现场勘察。然而，这份情况介绍材料还没有最后完工。尽管已经有了非常完备的申遗文本，但大家总希望在当面介绍时能够更加出彩，给"考官"一个最好的第一印象。

于是，这份情况介绍材料改了又改，改了又改。一直到晚上7点，文本团队的刘剑、傅晶终于将改好的材料交了出来，等候多时的专家们再作最后的修改、润色，而英文很好的肖莉处长则会同吴涛、阮少茜、王圆等申遗办翻译专班的同志立马着手翻译，余洪峰、张倩、斯彦莉等一班人候在旁边，赶紧制作汇报演示用的PPT。这个临战前的大本营里灯火通明，一直搞到27日凌晨4时才大功告成。

27日一早，朴素贤在国宾馆的会议厅里听取简短的情况介绍，她一定不会想到向她汇报的那些人几乎都一夜未眠，但是他们的精神状态都很好，朴考官对这份介绍也相当满意，频频点头。

接下来就是马不停蹄的考察走访了。西湖风景名胜区管委会真是花尽了心思，制定了一条三天的考察路线：西湖博物馆、雷峰塔、湖滨、湖心亭、阮公墩、三潭印月、雷峰夕照、净慈寺、柳浪闻莺、曲院风荷、岳庙、苏堤、花港观鱼、断桥、舞鹤赋刻石及林逋墓、文澜阁、清行宫遗址、西泠印社、平湖秋月、六和塔、水质监测站、满觉陇马儿山茶园、龙井品茶、抱朴道院、保俶塔、双峰插云、飞来峰造像、灵隐寺。

这一路走下来，西湖自然山水、"三面云山一面城"城湖空间特征、"两堤三岛"景观格局、"西湖十景"题名景观、西湖文化史迹、西湖特色植物都涵盖其中，可以把西湖最美的景色，全都看个遍。

那几天的天气不冷不热，亦晴亦雨，正好是朦朦胧胧展现西湖韵味的最佳时光。

朴素贤西湖之行的第一站是杭州西湖博物馆。这当然是专家行程中很重要的一站，因为那里有值得一看的"证据"。

除了夺人眼球的沙盘，杭州西湖博物馆的基本陈列以阐释西湖作为世界文化遗产的突出普遍价值为主线，紧紧围绕西湖历代浚治、西湖自然山水、城湖空间特征、景观格局、题名景观、文化史迹展开，以西湖出水文物、传世瓷器、书画、古籍、手稿等展品并辅以3D影院、大型电子屏等高科技展示手法，全面展示西湖作为人类文化景观遗产的真实性和完整性，以丰富的史料和实物印证了西湖的普遍价值，可以说是一本活的西湖申遗文本。

在戒备森严的库房里，西湖博物馆馆长吴胜天戴上雪白的手套，亲手为远道而来的"裁判"打开明刻本《西湖游览志》和《清乾隆行宫图》真迹。

"在整个申遗过程中，我们博物馆做的工作，经历的事情，都极其有限，展示的文物，也并非国宝级的。但那一刻，心里总还是有些激动。"吴胜天后来回忆说，"我是在向老外炫耀这座城市的底气啊！"

27日下午3点半，朴素贤从汪庄码头出发游湖，这是她在三天的实地考察中第一次身处西湖之上。

当天下午，朴素贤坐的是杨公堤的小船"乌凌"，这是一艘能载十三四人的机动船。由于当夜下起了雨，本来安排夜游的手划船换成了仿宋御舟——兰桡号。当年，兰桡号的豪华程度在西湖游船中排"老二"，仅次于龙船荃桡号，长21.5米，宽6米，前后各设一座两层小木楼。

雨夜行船，反倒为西湖挣足了"印象分"。因为坐在游船上，朴素贤对雨中西湖的第一印象就是：干净、漂亮。"整个杭城笼罩在美丽的雨雾之中；正对面则是美丽的宝石山山景……西湖真是太美了。"朴素贤说自己能来西

宝石山

湖参加评估感到非常荣幸，"这让我的同事十分羡慕，事先我看过西湖的资料已经觉得很美，现在看了实景觉得更美。"

兴之所至，朴教授还离席登上船头，让随行人员为她摄下与雨中西湖的"亲密接触"。

让朴素贤更欣赏的还有西湖在园林和景观设计、水质保护方面的出色表现，她还特意做了一个比较："西湖植被和行道树的养护及其景观设计水平很高，管理也井然有序。这比韩国首都首尔好很多，希望能继续保持下去。"

见证了当年申遗现场的满觉陇村老书记胡公仰回忆说："西湖申遗，西湖龙井茶核心产区肯定是必到的一站，我们满觉陇村马儿山就是其中一处茶园考察点，当时国际专家团一行十几个人都给予了好评。"胡书记很自豪，"满觉陇的茶就像是藏在深闺里的大家闺秀，外面路边看不到茶田，要弯弯绕绕走进来后才会豁然开朗，有一种'柳暗花明又一村'的感觉。"

胡公仰没搞清楚，国际专家其实只有一位，其余的十几个人都是西湖风景名胜区管委会的陪同人员。没有人特意向她介绍，尊重专家的考察习惯，目的是让她最真切地感受西湖，不作过多的渲染和介入。这一路陪同，尽量让一切显得自然而然。

在龙井村中心位置有个Y字路口，路边一座白墙黑瓦的二层楼房，门牌上写着"加鹏茶楼"，敲开门，一位40多岁的大姐在家里包着茶叶，她叫缪亚琴。2010年9月29日，就是在她家的二楼露台上，西湖申遗的考官朴素贤一边品着西湖龙井茶，一边和她聊着村里的情况，以及对西湖申遗的看法。

那天，天空下着蒙蒙细雨，朴素贤一行上午10点多来到了龙井村。一下车，她就被这如诗如画的景色给迷住了，不由得感叹道，这里真是太美了。确实，龙井村干净、整洁，环绕四周的山景雾气缥缈，翠绿的茶园、白墙黑瓦的茶舍忽隐忽现，宛如仙境。缪亚琴为朴素贤泡上了一杯上好的西湖龙井，回答着专家的提问。"你们怎么能把这里保护得这么好？"缪亚琴的回答很实在："环境好了，茶叶的品质就好，来的客人就多，茶叶也就更好卖了。"坐在一起的村支委会陆鑫富书记接过话头说，龙井村一直以来都是按照政府的规划在做，全体村民都是发自内心地以最高标准、严格地保护好周围的环境，保护好我们西湖龙井茶的高品质。

一杯茶喝完了，按照计划本来在这里只逗留15分钟的，但朴素贤兴致很高，还在和大家聊着。于是续上一杯水，半个小时过去了，朴素贤对陆鑫富说，她十几年前就知道西湖龙井很有名了，直到今天才喝到这么好的茶叶，真香啊！

陆鑫富告诉朴素贤，西湖龙井茶之所以好喝，除了茶叶的品种好外，还和这里的小气候以及土质有很大的关系。缪亚琴看到朴素贤这么爱喝西湖龙井，于是就用毛宣纸包了两小包送给她，朴素贤欣喜地表示感谢，又续上了一杯水。一个多小时过去了，下面还要去别的地方呢，陪同人员催了第三次，朴素贤才恋恋不舍地和大家留影告别。缪亚琴对朴素贤发出邀请，下次再来杭州，请她吃正宗的农家饭，朴素贤高兴地答应了。

朴教授实地走访龙井村村民，了解到申报区内村民和谐富足的生活时，她将西湖称作是一处"活的文化遗产"："像杭州这么一个大城市，却依然有龙井村这样保护得非常好的原生态村落，这是很了不起的。原住民本身就是西湖文化景观的构成要素，而且能与管理者和谐相处，并共同担负着遗产保护的责任，这是很难得的。"

第六章　收官：西湖圆了一个梦

考察线路中还有一站是西湖水质监测站。

看完这里后，朴素贤如此评价：专门针对一个湖泊设置环境监测站，并配备专业人才，长期对湖泊水质进行监测，这在国外都是罕见的，体现了政府对西湖保护的重视。当陪同的中国专家提到这已是中国最好的水质保护管理设施时，她进一步强调"是亚洲最好的"。

让朴素贤竖起大拇指的西湖水质检测站，其实1985年就成立了，每周，工作人员都会从采样点采样，然后进行分析和水质评估。在过去的20多年里，通过日常监测和科研工作，积累了大量的数据，为西湖的各项治理工程提供了可靠的科学依据，也为西湖的美丽尽了一份力。

三天的考察中也有一些小小的波折。有一次，朴素贤从保俶塔下来，不经意间就拐进了下面的纯真年代书吧。书吧的主人朱锦绣说得一口流利的英语，当即就跟朴素贤亲热地攀谈起来。这可让陪同的王其煌大为紧张：

龙井茶园

预定的下一个考察点是灵隐寺，时间比较紧张；他听不懂部分谈话内容，只能干着急。说起来，这家书吧也是杭州的一个文化地标，朱锦绣本人也堪称杭州的一位文化名人。果然，朱锦绣热情地带着朴素贤在书吧的各个最佳观赏位置凭栏眺望，让朴素贤啧啧称叹。

虽然被西湖的美丽折服，但是朴素贤也有自己的坚持。

她的关注重点是杭州城市建设对西湖景观的影响程度和保护管理的控制保障。

朴素贤专门前往湖滨路以东和宝石山以北的城市道路考察，并在西湖中心位置观察山脉天际线。她特别强调一点：保持这一轮廓线并且从湖中心看到的景致非常重要，山的后面不能有城市侵蚀。

她提到了马可·波罗，这位13世纪来自意大利的旅行家曾给杭州下过一个定义：美丽低城。但朴素贤发现，杭州城的高楼大厦占据了向东的视线："东面杭州城的景象在过去50年间发生了巨大的改变，西湖这第四面，原本与整体景观相称的美丽低城已经消失。"朴素贤认为，湖东城市建设对西湖景观的影响必须严格控制。

不过，虽然有缺憾，但是朴素贤表示向东面看时，朝北和朝南的山脉轮廓线依然保存完整。特别是保俶塔，在天空的映衬下十分清晰。"杭州在800万人口的压力下，湖东仍能保持这种状况殊为不易。"

第二个坚持，准确地说，是她需要一个承诺。

在考察过程中，朴素贤始终认为，从西湖整体来看，香格里拉东楼景观比较突兀。

朴素贤的坚持直接促成了以下的两个新闻事实：

2010年10月—2011年2月，中国建筑设计研究院建筑历史研究所在市政府批准的《规划纲要》基础上完成了《杭州西湖文化景观保护管理规划（2008—2020）》的编制，进一步明确了湖东城市建设控制的地块要求和控制目标，明确了西湖景观环境整治的重点项目，以及对遗产区游客容量的控制标准和交通调整的规划要求。

2011年5月，规划通过国家文物局审核，由杭州市政府颁布实施，为西湖景观的保护管理提供了法规层面和技术层面的保障。

在为期三天的行程中，朴素贤教授先后对西湖十景、十四处文化史迹以及申报边界、西湖的保护管理作了全面的考察。由于准备充分、组织严密、管控得力、讲解到位，朴教授对考察情况十分满意，认为西湖是一处"活的文化遗产"，政府和主管部门对西湖文化遗产保护工作做得十分出色，各方面都给她留下了非常好的印象，并对西湖申遗前景表示乐观。

9月29日，在考察结束的那一天，朴素贤接连用四个"没想到"概括

朴素贤（左三）在白堤考察

了她的总体感受：没想到杭州的城市发展如此有活力；没想到西湖的景色和保护管理比文本描述的内容还要好；没想到西湖申报区没有一个房地产开发项目；没想到西湖文化景观有这么多动人的故事。

当天晚上，在浙江省文物局局长鲍贤伦主持下，朴素贤与西湖文化景观申遗的各方利益相关者举行了座谈会。会上，朴素贤对杭州市历年来为西湖保护管理倾注的大量心血和不懈努力表示了赞赏，并且明确说明了她的态度：对考察情况表示满意。她还直言：像中国这样具有悠久历史和深厚文化底蕴的国家，应该像法国、意大利一样拥有更多的世界遗产。

"考官"的这一番话，为西湖的"世纪大考"打出了高分！

就在这次实地考察后，2010年10月底，朴素贤出具了评估报告，并递交至国际古迹遗址理事会总部。在之后所有的申报评估环节中，最基本的要素只有两个：一个是申遗文本的价值陈述；另一个就是朴教授出具的现场评估报告。在对西湖现状的保护管理保障核实之后，接下来就进入遗产价值的认定步骤了。

2011年5月，世界遗产中心公布国际古迹遗址理事会对西湖文化景观申报项目的评估意见——同样是一个微笑。

此时的西湖，已经能看到胜利的曙光。

一个月后的2011年6月24日，巴黎，就出现了我们在序章中所讲述的那个令人激动人心的、世界瞩目的15分钟！

多少人为之付出无限精力和心血的申遗之战终于大获全胜！

西湖，终于圆了一个世纪之梦！

申遗只有逗号，没有句号

尾声

尾　声　申遗只有逗号，没有句号

"今天，在杭州5000年建城史上，将是值得纪念的一天，西湖申遗终于成功了！"

在申遗大会现场，杭州市人大常委会主任、市西湖申遗工作领导小组组长王国平接受了世界各国记者的采访。他的心情也很激动，因为他一上来就以5000年说事了。

"此时此刻，我的心情非常激动，借此机会，请允许我代表中共杭州市委、市人大常委会、市政府、市政协衷心感谢党中央、国务院以及国家有关部委，衷心感谢关心支持西湖申遗的中央领导，衷心感谢帮助指导西湖申遗的历届浙江省委、省政府领导，衷心感谢为西湖申遗打下扎实基础的杭州市老领导、老同志，衷心感谢为西湖申遗献计出力的海内外专家学者，特别要衷心感谢为西湖申遗作出无私奉献的800多万杭州人、新杭州人，他们舍小家、顾大家，是西湖申遗的无名英雄、保护西湖的最大功臣。"

他说，申遗不是目的，保护西湖、造福后代才是目的。我们要借助西湖申遗成功的东风，更有效地保护好西湖。西湖是一个有机生命体，已经存活了2000年。西湖的发展史，就是一部保护西湖的历史。保护西湖只有起点，没有终点；只有逗号，没有句号。

最后，他代表杭州市作出庄严的六大承诺：

一是"还湖于民"的目标不改变。我们始终有一个强烈的理念：西湖是杭州的西湖、中国的西湖、世界的西湖。自2002年开始，杭州实行"西湖免费开放"，迄今已免费开放的公园景点共130余处，西湖成为中国第一家也是迄今为止唯一一家不收门票的AAAAA级景区。今后，我们将继续坚持"还湖于民"目标不改变，坚持"免费开放西湖"不改变，让广大市民和中外游客更好地亲近西湖、感受西湖，使西湖成为世界人民的大公园。

二是门票不涨价。对因文物保护需限制客流量的灵隐、岳庙、六和塔、虎跑等景点，我们承诺门票不涨价。

三是博物馆不收费。自2003年开始，杭州在全国率先对博物馆、纪念馆、科技馆等公益性场馆实行免费开放，并出台优惠政策，开展青少年学生"第二课堂"活动，让青少年学生走进博物馆、纪念馆，向青少年学生提供丰富的社会实践活动。今后，我们将继续坚持博物馆免费开放，并进一步加强博物馆建设，不断提高博物馆管理和服务水平。

四是土地不出让。对西湖风景名胜区的土地，我们将严格按照《风景名胜区条例》等相关法律法规及《杭州西湖风景名胜区总体规划》的要求，严格保护好土地资源，绝对不搞经营性出让，坚决制止房地产开发项目，禁止设立与风景名胜资源保护无关的其他建筑物。

五是文物不破坏。杭州的历史文化遗产不仅属于杭州，更属于中国、属于世界；不仅属于我们这一代人，更属于子孙后代。我们只是受民族、受后人委托的历史文化遗产的"保管人"。今后，我们将始终本着"保护第一、应保尽保"原则，对各类文化遗产进行全方位严格保护，不断完善保护体系，持续推进文化遗产保护修缮，积极挖掘整理历史文化碎片，促进文化遗产的合理利用。

六是公共资源不侵占。西湖是人民的西湖。西湖及其周边地区的每一方湖面、每一寸岸线、每一块绿地、每一处设施、每一个景观，都是极其宝贵的公共资源，都要让广大市民和中外游客共享。今后，我们将建立健全西湖风景名胜区资源保护管理制度，绝不允许任何单位和个人侵占西湖的公共资源，实现公共资源利用效益的最大化、最优化。

杭州将会一诺千金，兑现自己的承诺。因为我们深知，西湖是杭州的，更是中国的、世界的。我们将以西湖成功申遗为新的起点，更加努力地保护西湖这个杭州城市的"根"与"魂"，把自然景观更加美丽、人文景观更加丰富的"东方文化名湖"传承给后代，让西湖再活一个2000年。

1. 申遗成功带来的初始效应

2011年6月26日，就在西湖申遗的消息传到杭州后仅一天，著名歌手张靓颖正好携新专辑来到杭州庆春购书中心进行签售活动，提到西湖成功申遗的消息，她也很开心，唱起了《印象西湖雨》以示祝贺。

"印象西湖"是杭州市委、市政府聘请张艺谋团队打造的一台大型山水实景演出，音乐由日本音乐家喜多郎担纲，张靓颖就是那首杭州人耳熟能详的《印象西湖雨》的原唱。从某种意义上说，2007年3月，"印象西湖"的正式上演也是杭州为西湖申遗所作的一次影响力传播。

张靓颖说，西湖申遗成功当天，她就得到了消息，觉得很开心。西湖是个很美好的地方，她曾经在黄昏的时候，绕着西湖边步行了两个多小时，感觉很放松很自在。在现场，她特地清唱了那首与西湖密不可分的歌曲——《印象西湖雨》："雨还在下，落满一湖烟。断桥绢伞，黑白了思念。谁在船上，写我的从前……"虽无音乐伴奏，但她的演绎依然深情而动人，引来在场媒体记者热烈的掌声和喝彩。

同一天，500名来自上海的环保志愿者来到杭州进行自行车环西湖骑行活动，庆祝西湖申遗成功。一位骑手还特地拿出一张第五套人民币的一元纸币，翠绿色的背面，一抹盈盈的水里立了三座塔，上面画的，就是西湖里的三潭印月。他兴奋地说："以前，也许你和朋友介绍说，这是我们的西湖。现在，你可以再加上这么一句：这是西湖，世界遗产地。"他当然也不忘补充上一句："我老家是杭州的，我爷爷就出生在西湖边。"

而在杭州邮票公司集邮专卖店，前来抢购《杭州西湖成功列入世界遗产名录》纪念封的市民将门店围得水泄不通。纪念封的主图是中国美院画家陆放创作的《烟雨西子》版画，以墨绿色为主调，很有意境。短短半个小时内，3000枚左右纪念封销售一空，没有买到的市民仍久久不愿离去。考虑到市民对西湖申遗成功的激动心情，杭州邮票公司临时决定，接受市民的预订，连夜再加印5000枚纪念封。

申遗成功，无疑给旅游市场打了一剂强心针。"西湖申遗成功，对杭州旅游远程市场的拓展大有作用。"杭州市旅游委员主任李虹说，"这几年杭州的入境市场增长率在12%至13%，申遗成功后预计增长率能达到15%以上。"

李虹觉得，从世界范围或全球旅游地的范畴来看，对西湖美的认同，更重要的是文化美、历史美。而这个文化美却又很难传达，外来游客要想读懂西湖，首先要读懂中国文化，读懂中国历史，然后产生这一系列因景

湖滨晨练

生情的感受。这种东方式的审美视角，要跨越人种、文化、传统、语言，难度是非常高的。如何将西湖的文化美、历史美传达好，申遗给了我们一个前所未有的机会。申遗逾越了语言障碍、跨越了文化阻隔。对杭州走向国际化，特别是远程客源市场，飞行距离在十个小时以上的主要客源国，比如说欧洲、北美这些国家提升营销的有效性是很有帮助的。

杭州的各大旅行社以及在线旅游网站，得知西湖申遗成功后，都针对杭州旅游产品进行了调整。多家旅游机构负责人对未来信心满满："最近，我们会针对境外市场开发杭州深度游产品，比如以前游杭州是3天、4天，现在会增加一些6日游、7日游的旅游线路，满足客人对世界遗产——西湖的好奇心。"

在位于南山路238号面朝西湖的"创意浙江"贵金属文化杭州展示中心，店内与西湖文化遗产相关的产品已经琳琅满目，如西湖十景系列下还细分了三潭印月系列、花港观鱼系列等文创产品，这些与时尚创意相结合的贵金属礼品一时成为抢手货，上海黄金交易所注册黄金交易员、贵金属分析师冯健分析，随着西湖申遗的成功，杭州的国际知名度将大大提高，具有杭州文化题材的黄金白银产品由于它的稀缺性和收藏性将迎来一波消费高潮，预计未来的升值潜力非常可观。

为庆祝西湖申遗成功，有人绕着西湖长跑，有人为西湖谱曲高歌，快拍快拍网则推出了他们认为纪念这一历史时刻的最佳方式——快拍西湖24小时无奖大赛，主题就是"西湖好运"。活动一推出，几个小时内就有上千幅关于西湖的照片涌了过来，大家关心的并不是奖，而是对西湖深深的祝福。

与此同时，杭州西湖的形象宣传片很快在BBC（英国广播公司）电视台播放。而在联合国教科文组织和世界遗产委员会的网站上，也已经专门为西湖列出了介绍网页。主题是"中国古代文化景观——杭州西湖，被列入世界遗产名录"。其中这么阐释西湖的入选原因：从公元9世纪以来，西湖以及三面群山的美景，激发着著名的诗人、学者和艺术家的灵感。西湖及周边有大量的庙宇、宝塔、凉亭、花园和观赏树木，以及堤道和人工岛屿。在过去的几个世纪里，西湖已经影响了中国其他地区以及日本、韩国的园林设计风格。同时，西湖还担负着这样一个功能，它是一个传统文化的优秀见证，体现着人类与自然景观的完美融合。

西湖成功申遗后，境外一些论坛上也有不少人表达了向往之情。美国一个名为"How about china"的网站上，有人就留言称，最想去的世界遗产地是杭州西湖。

荷兰的旅游家Els Slots女士的目标是走遍所有的世界文化遗产，至今她已经去75个国家旅游。除了旅行，她还喜欢写下旅行的见闻。在她个人开办的"世界遗产"网站上，收录了全球各地世界遗产的信息和游记。杭州西湖申遗成功后，这个网站迅速增加了关于西湖的内容。

尾　声　申遗只有逗号，没有句号

西湖边的外国游客

　　Els Slots女士在2007年10月游历过杭州。她在关于西湖的游记中写道：她通过国际古迹遗址理事会了解到，西湖一年有2000多万游客，这在世界遗产中可能是游客数最多的。

　　西湖，是杭州的，是中国的，也是世界的！我们每一个人都是文化遗产的薪火传人——从西湖申遗成功的那一天开始，这个观念就深深地植根于每一个热爱西湖的人心目中。

2. 申遗成功究竟意味着什么？

　　西湖申遗成功，是西湖两千多年发展史上一个具有里程碑意义的大事，是杭州人民的一件大喜事。

纵观杭州城市的发展和西湖的演变，可以清楚地看到，杭州倚湖而兴、因湖而名、以湖为魂。没有西湖，杭州的兴盛就失去了依托，"人间天堂"的美誉就失去了内涵，历史文化名城就失去了"根"和"魂"，西湖的普遍价值已深刻地体现在杭州城市的发展长河之中，充分体现在杭州文脉的发展嬗变之中。北宋大文豪苏轼曾说过："杭州之有西湖，如人之有眉目，盖不可废也……使杭州无西湖，如人而去其眉目，岂复为人乎？"西湖之于杭州这座城市有着非常特殊的意义，杭州人对于西湖有着非常特殊的感情。西湖也曾获得了一系列的荣誉：西湖综保工程被联合国评为迪拜国际改善人居环境最佳范例奖，湖西综保工程荣获全国十大建设科技成就奖，西湖被评为"中国最美五大湖"之一，西湖风景名胜区跻身首批全国文明风景旅游区、全国首批AAAAA级旅游景区。杭州先后获得全国文明城市、国际花园城市、联合国人居奖、全国绿化模范城市、全国环保模范城市、国家森林城市、东方休闲之都、中国最佳旅游城市等桂冠，唯一的缺憾就是西湖尚未列入世界遗产名录。西湖申遗成功，实现了杭州市和浙江省申报世界文化遗产"零的突破"，圆了杭州老百姓的"世纪之梦"！

西湖是目前中国列入《世界遗产名录》唯一一处湖泊类文化遗产，也是现今《世界遗产名录》中少数几个湖泊类文化遗产之一。与这些湖泊类文化遗产相比，西湖文化景观显示出独一无二的特征。现今《世界遗产名录》中，有7处遗产拥有规模显著的湖泊水体，其中包括：5处自然遗产，即布里特威斯湖国家公园、萨雅克—北哈萨克草原及群湖、图尔卡纳湖国家公园、马拉维湖国家公园、贝加尔湖，虽然它们在自然属性方面具有独特性和代表性，但文化价值特征不显著，不具备"文化名湖"的价值特征；1处湖泊类混合遗产，即澳大利亚威兰德拉湖区，该湖泊是自然与人类进化

尾　声　申遗只有逗号，没有句号

过程的重要证据，不具备"文化名湖"特征；1处文化景观的湖泊类遗产，即费尔特/新锡德尔湖文化景观，该遗产的湖体基本属于人类聚落的背景环境，不属于景观的构成要素。因此，西湖文化景观作为全球少数湖泊类世界文化遗产之一，具有非常鲜明的个性。西湖文化景观列入《世界遗产名录》，填补了世界遗产中以突出"文化名湖"为主要价值特征的湖泊遗产空白，是对世界遗产类型的重要补充，对提升中国文化在世界的地位产生积极影响。

西湖具备了世界文化景观遗产的禀赋和特质，世界遗产名录是杭州获得的一张分量最重的金名片。可以肯定的是，申遗成功意味着西湖美景被世界所认同，将大大提高西湖乃至杭州的国际知名度，对杭州的国际化和旅游业的发展具有十分深远的影响，也可大大提高杭州文化遗产的保护水平。据说历任美国总统访华期间选择走访城市时，会首先翻阅《世界遗产名录》。申遗成功后，西湖拉近了与国际的距离，将会有更多的欧美游客来到杭州、了解西湖。

美丽的西湖最能把杭州的城市精神张扬出来。这也是西湖要申遗的其中一个重要原因。西湖承载了这个城市的品牌，承载了这个城市的历史文化，西湖申遗，是提升杭州城市形象和城市品牌，让更多不太了解杭州的受众认识杭州的最有效办法。

申遗成功后，对于杭州还有一层意义是，西湖的价值被再次认定了。通过提炼西湖的突出普遍价值，收集西湖各历史时期的资料，挖掘各景点内涵，这样的申遗过程更是完成了一次保护西湖的过程。而这种价值的认定，会让我们更加重视她，愿意花更大的心力，付出更多的努力去呵护她，保护她。使得老天赐于我们的这一泓湖水，从老祖宗开始一代代人不断保护的西湖，由整个文脉串成的这样一个历史，可以通过申遗更可持续地传承下去。

申遗是为了更好的保护。值得一提的是，这里所说的"保护"，不仅仅是对有形文化遗产的保护，也是对无形文化遗产的传承。对有形文化遗产的保护是显而易见的，像山川文物、亭台楼阁等。而无形文化遗产，如许仙与白娘子、梁山伯与祝英台的故事，也将会得到更好、更广的传播和传承。

申遗的成功确实是西湖历史上的一件大事，有人甚至将2011年说成了申遗成功后的"西湖元年"，似乎一切都是崭新的，更有一个不可期量的未来在等着她！

3. 文化：可持续发展的关键

杭州西湖成功叩开世界遗产之门，归根结底是文化的力量。

说到西湖就像说到希腊，每一滴湖水，每一处山石，都有着自己的史诗，有着人神共爱的故事。那流传千年数不尽的诗篇，那生长于斯、日日只为西湖好的官员和百姓，早已使西湖不再是一个普通的湖泊。

这片不普通的湖山，有自己的传奇，有自己的神秘，有自己不被游者一眼看破的内涵。就拿苏堤来说，人们传说它是爱诗爱民的贤太守苏东坡所修建，多少人流连在苏堤上，不自觉地学会了行吟，学会了欣赏。而白堤上的断桥，人们传说着许仙和白娘子的故事。人和妖的爱情得不到祝福，但是人间就是如此美丽，可以让白蛇拼却千年的修行，舍去成仙，只为做一个人，在人间天堂，体味做人的感觉，拥有一段温暖的人生，这是西湖传奇中最富人性味儿的地方。山水因梦想而生动，因人性而光辉。这就是西湖文化的力量，也是它作为世界文化景观的独特魅力。

如何让这种文化的力量成为人类可持续发展的动力？这是西湖进入后申遗时代需要思考的问题，也是全世界共同关注的发展问题。

2013年5月17日，西湖申遗成功两年后，联合国教科文组织一场题为"文化：可持续发展的关键"的国际会议在杭州闭幕。

这次国际会议是自1982年墨西哥世界文化政策大会和1998年斯德哥尔摩文化发展政策政府间会议后，联合国教科文组织召开的又一重要国际文化大会。据介绍，联合国教科文组织在文化与发展政策方面至少有15年都没有举办过类似的会议，也一直没有很好的机会让国际社会和国际上的专家来谈论这个重大的话题。杭州为世界提供了这么一次机会，作为世界遗产的西湖又一次向世界敞开了怀抱。

本次大会正值联合国"千年发展目标"即将到期、国际社会对2015年后发展议程进行商议之际，探讨文化在可持续发展中的重要作用，充分发掘文化促进可持续发展的潜力以及推动把文化纳入2015年后可持续发展的议程具有十分重要的意义。

会议闭幕式上，全体代表一致通过《杭州宣言》，号召将文化置于未来可持续发展的核心地位。

《杭州宣言》，是一份联合国教科文组织对于2015年后世界可持续发展的指导性文本。面对人口增长、城市化、环境恶化、灾害、气候变化、日益凸显的不平等和持续贫困，全世界迫切需要寻找新途径，以期从更宽泛的层面反映人类的进步，强调民族与民族、人与自然之间的和谐，以及平等、尊严、福祉和可持续性。

《杭州宣言》称：世界各国有必要吸取前人的经验教训，并将文化视为本地区及全球的共同使命及创新源泉，文化在促成真正意义上可持续发展方面的超常力量将显得尤为突出。因此，联合国教科文组织号召那些将对 2015 年后联合国全球发展框架及可持续发展目标产生影响的政府和政策制定者抓住这一特殊机遇，以期将文化置于未来可持续发展政策的核心地位。

将文化纳入所有发展政策和计划中；推动文化发展和相互理解，促进和平与和解；确保所有人都能获得文化权利，从而推动包容性社会发展；

尾 声 申遗只有逗号，没有句号

推动文化对于减贫及包容性经济发展的作用；发展文化以促进环境可持续性；通过文化提升对灾害的适应能力，并与气候变化作斗争；珍惜文化、保护文化、将文化带给子孙后代；将文化作为实现城市可持续发展和管理的资源；利用文化开展可持续的新型合作模式。

大会提出了"和而不同"以及"以古为新"的理念。联合国教科文组织大会主席卡塔琳·博焦伊在发言中说，文化是世界和平的催化剂，是解决冲突的办法之一，世界的发展，需要人文内容，要抵御物欲泛滥，让生态、心灵得到平衡，就需要文化的影响。"当今，全球不平等不仅仅是经

湖城相依

济带来的，还有道德缺位的因素，未来，必须由文化来强力干预这种不平等。"卡塔琳盛赞文化是一个宝库，是世界可持续发展的核心。

联合国教科文组织将致力于在《杭州宣言》的基础上制定行动纲领，并将一项以文化为中心的目标纳入 2015 年后联合国发展议程中。

申遗的成功，让世界认识了西湖，认识了杭州，而杭州也更加认识到文化的力量和未来的意义。在这次国际会议上，时任市委副书记王金财认为让文化成为可持续发展的关键，给杭州发展提供了新的思路。他说：这是一次难得的学习机会，杭州将进一步加强历史文化遗产的保护与利用，进一步推进文化的繁荣与发展，继续大力推进"良渚遗址"和"中国大运河"的申遗工作。

联合国教科文组织持续关注着杭州。2014 年 7 月，联合国教科文组织文化助理总干事班德林一行再次来杭，此行目的是为西湖风景名胜区管委会颁发《世界遗产保护管理荣誉证书》，并就未来与杭州合作举办"联合国住房和可持续发展大会"等事宜进行交流。时任浙江省委常委、杭州市委书记龚正接待了班德林一行，并向他们在西湖申遗过程中提供的帮助表示感谢。

4. 西湖进入"后申遗时代"

申遗成功，标志着西湖进入了"后申遗时代"。申遗是手段，而不是目的。申遗的目的是保护西湖、造福后代、让西湖再活一个 2000 年。保护西湖始终是西湖的永恒主题，是"后申遗时代"的第一位工作。

2019 年年初，经过西湖边的市民与游客惊讶地发现，香格里拉东楼被罩了起来，很多人以为是新建建筑，但其实这是在实施降层工程——在原有的基础上，香格里拉饭店东楼拆除了建筑最顶上两层，整体视觉上变"矮"了。

香格里拉饭店，老杭州习惯叫它"杭州饭店"。"杭州饭店"建于1956年，是一座蛮有民族风格的六层楼建筑；到了1962年，新建成东楼，高七层；1984年，改名为"香格里拉饭店"。此后，它就一直是海内外政要名流访问杭州的下榻处之一。

但是，香格里拉东楼，却因为"身高问题"，在杭州人眼里一直都蛮有争议，有人说它太高，唐突了西湖。所谓唐突，比方说你站在白堤上，往宝石山方向看，一片葱郁的山脊线里，突然蹿出了一幢楼来，太影响西湖景观。所以，这么多年来，很多人一直在呼吁——让东楼"降低身段"。

2011年6月24日，西湖申遗成功。

就在申遗时，杭州市政府曾作出郑重承诺：等杭州香格里拉饭店东楼的中港合作期满，就实施降层环境提升等措施。

2018年10月，香格里拉饭店承租合同到期。为了兑现西湖申遗时的承诺，杭州市政府与省旅游集团等相关单位，多次专题研究，启动了东楼降层工程。

香格里拉饭店东楼的业主，是浙江省旅游集团有限公司。其副总经理姚志明一直对东楼有着很深的感情。"这幢建筑始建于20世纪60年代，当时能在岩石上建一幢7层高楼，可是件了不得的事情。现在要把'了不得'降下去，情感上一时难以割舍。这是观看西湖景观最好的地方。降层又要停业，一般都需要一年多时间，对于我们经营来说，也是不小的损失。"

但是，要维护国家荣誉就必须直面难题，甘受经济损失，降层算是降定了！

怎么降？降多少？都是一次次论证、评估过的。西湖风景名胜区管委会的总工程师华茵说到这里，还难掩当时的艰辛："请了文物保护、建筑设计、建筑结构和施工等方面的12位专家，一起去看现场，反反复复地评估论证，又请了专业单位进行房屋结构评估、实施降拆工程。"

最终定下来了——

东楼降拆两层，从七层变成五层。

东楼外侧，种植大树，加以遮挡，让整幢楼尽可能地掩隐在绿树丛中，通过环境提升，使之与西湖山水景观相呼应。

方案确定后，东楼降层就动工了。

2018年12月29日，时任西湖风景名胜区管委会主任翁文杰、总工程师华茵亲自带着施工队伍开进了饭店，对香格里拉东楼实施降层处理。仅仅2个月时间，他们克服了资金、手续办理、景区施工特殊性等种种困难，共拆除香格里拉饭店东楼6层、7层及顶层电梯机房、水箱，恢复东楼屋顶及立面，拆除面积约4200平方米，清运渣土约6000立方米。

2个月的工程实施，兑现了等待8年的西湖申遗时的承诺。2019年3月，香格里拉饭店东楼降层工程正式完成，杭州用实际行动彰显了自己的"一诺千金"！

2019年，香格里拉饭店降层现场

尾　声　申遗只有逗号，没有句号

降层前后的香格里拉饭店东楼

2019年7月，在阿塞拜疆首都巴库举行的第43届世界遗产大会上，接连传出关于西湖的好消息：《"杭州西湖文化景观"保护状况的后续报告》顺利通过审议；《西湖文化景观2018年度监测报告》被评为"中国世界文化遗产优秀监测年度报告"……大会还就此降层行动，特别表扬了中国保护世界遗产的力度与决心。

事实上，联合国教科文组织一直非常关注各遗产地在入选世界遗产后的管理和发展，建立了一套完整的监管机制。根据世界遗产公约、操作指南和我国相关法律法规规定，每年遗产地必须向国家文物局上报遗产监测管理报告，每六年向世界遗产中心上报遗产监测报告。如果遗产地受到战争、灾害等威胁或在遗产保护方面存在严重问题，将有可能被列入《世界濒危遗产名录》，国际社会将共同关注并努力去拯救它们。

根据《世界遗产公约》，如果遗产所在地政府不能保证在一定期限内通过采取必要措施有效保护该遗产的价值，并使其遗产地受到严重威胁和破坏，最终失去了作为世界遗产的价值，该遗产项目将可能从《世界遗产名录》中除名。

按照世界遗产保护的要求，2011年8月，杭州市人大常委会通过了

《杭州西湖文化景观保护管理条例》。对于西湖边的建设项目，该条例有明确规定：今后要严格控制西湖文化景观遗产区内的各类建设活动和设施设置。确需在西湖文化景观遗产区内建设的项目，其选址、布局、高度、体量、造型、风格和色彩等，应当与周围景观和环境相协调。

为了落实西湖世界文化遗产的监测管理，2011年7月13日下午，杭州西湖世界文化遗产监测管理中心成立，并在西湖博物馆举行揭牌仪式。国家文物局局长单霁翔，省委常委、市委书记黄坤明共同为西湖文化遗产监测管理中心揭牌。它的设立就像是给西湖多了一个"守门人"。西湖的水质发生怎样的变化了？六和塔的某根横梁是否发生轻微变动？西湖边古树的健康状况如何？这些都是监测管理中心所关心的。在以往的监测管理中，文物本体出现损坏或者异样，都是通过接到群众或者管理者的反映才展开测量。而现在，西湖世界文化遗产监测管理中心的系统能通过记录文物各方面数据的变化，提早发现问题，及时处理。监测系统中有一个数据库，里面包含了遗产区所有文物、建筑、水体、山体等测量数据的标准值。在定期测量中，一旦有数据超过设定的标准值，系统就会自动报警。同时，还在遗产的六大要素中，选取了24个点，包括西湖老十景和14个西湖文化史迹作为重点监测对象。

另一方面，监测管理中心还开展游客人流量和车流量等的动态监测工作。严格控制西湖文化景观遗产区内的环境容量、游览接待规模，以及进入西湖文化景观遗产区内营运或行驶的船舶、机动车辆的总量。比如，灵隐在某天上午人数超过一定量时，监测中心就可以按照客流高峰时间段统计出景点内的人数，进行分析，对超负荷的景点实行分流，通知旅行社眼下这个点不要再带客人过去了，先去花港、六和塔，然后再去灵隐寺。

尾　声　申遗只有逗号，没有句号

西湖申遗成功，转眼已经过去了 12 个年头。12 年前，在巴黎举行的世界遗产委员会第 35 届大会上，"杭州西湖文化景观"被列入新的世界遗产名录。千年美景在那个盛夏绽放在世界的舞台，芳华绝代。

"坚持'还湖于民目标不变，门票不涨价，博物馆不收费，土地不出让，文物不破坏，公共资源不侵占'……"杭州在申遗成功后，对全世界的郑重承诺掷地有声！桃红柳绿春来早，客来客往船如故，12 年前，12 年后，那个才情隽永、温情脉脉的西湖从未改变。

12 年来的每一天，西湖的管理者们都在努力思考着一个问题：如何让申遗成功的西湖不负盛名？

这 12 年，是西湖故事、西湖文化感染更多人心的 12 年；

这 12 年，是西湖管理者广开言路，柔性关怀，西湖用温情征服更多人心的 12 年；

这 12 年，是世界遗产地西湖感恩社会、回报社会的 12 年。

当然，这种付出不是单向的。西湖边，来来往往的过客，也用善意和真诚，回馈呵护着这个世界遗产地，"大爱西湖"，通过一个个温情的瞬间被传递到更广阔的时空。

申遗成功后的西湖，就像一本默默修校的经典读本，没有浮于世的喧哗，但凭那韵味悠长的内在，便担得上世人视若珍宝流连忘返的牵绊。西湖的一山一水，一草一木，无时无刻不倍受着杭州人民和广大游客的珍爱。像爱护眼睛一样爱护西湖，这种珍爱已经上升为一种自觉的文化保护。

说一个小故事，让你感受一下这份珍爱：

2016 年 3 月 30 日，杭州人打开手机，微信朋友圈和微博全都被"秋水山庄"霸了屏：西湖边北山街著名的民国建筑秋水山庄的门面被涂成了寺庙常见的那种黄色，突兀地冲击着人们的视觉。

秋水山庄，是我国报业巨头、上海《申报》报主史量才，以他的爱妻沈秋水命名而建的江南庭院式建筑，建于20世纪30年代初，共计两层。据说，当年史量才兴建爱巢时，参照物是《红楼梦》中的怡红院，造型和选材均花了心思。最抢眼是那四根方形青石柱子，因是方形，不似圆形那般粗壮。墙是青砖，栏杆是白色，窗棂是朱红色，雕花细致。几种颜色混搭却毫不突兀，与西湖也相得益彰，一派温婉气质。

这样的一个建筑，门面竟然被刷成了黄色，引来网友们纷纷吐槽。

当天，时任浙江省委常委、杭州市委书记赵一德就专门对此事作出批示，要求有关方面组织专家把关审查，正面回应市民和网友的意见，全市对历史建筑的修缮整治都要慎重对待，落实专家参与的严格审核机制。

秋水山庄

尾 声　申遗只有逗号，没有句号

当复原的秋水山庄门面被重新放上朋友圈时，广大杭州人民和游客才松了一口气。

珍爱西湖的杭州人还专门为西湖设立了节日——"杭州西湖日"。2020年6月，杭州市十三届人大常委会第二十八次会议，听取并审议了市人大常委会主任会议关于提请审议设立"杭州良渚日""杭州西湖日"的议案，经表决通过作出决定，自2020年起，将6月24日设立为"杭州西湖日"。2020年6月24日是杭州西湖申遗成功9周年纪念日，同时也是首个"杭州西湖日"。此后每到这一天，西湖景区会都会推出一系列活动，邀请广大市民游客共襄盛举。

2023年第19届亚运会在杭州召开，随着亚运会火种在杭州良渚古城遗址大莫角山成功采集，亚运圣火从杭州开始在浙江全省进行传递。圣火传递的起点，也毫无争议地设定在西湖。

9月8日上午，亚运会火炬传递正式开跑。106棒火炬手从西湖涌金公园广场出发，沿着南山路、湖滨路、环城西路、北山街奔跑，再从西泠桥进入孤山路，直至平湖秋月收火，5.2公里的传递路线将"三面云山一面城"的特质尽揽其中。初秋的西湖，青黛含翠，桂香幽幽，湖畔数万名市民群众围观等待，大声欢呼："杭州加油！亚运加油！"一场数万人与亚运精神的"双向奔赴"在西湖边上演。

西湖有这么多关爱她的人，何愁没有下一个辉煌的2000年。

参考文献

1. 《西湖申遗文本》。

2. 王国平主编：《西湖文献集成》，杭州出版社 2004 年版。

3. 《浙江通志》编纂委员会编：《浙江通志》第九十九卷《西湖专志》，浙江人民出版社 2021 年版。

4. 张建庭主编：《我的西湖：值得记住的昨天那些事》，西泠印社出版社 2021 年版。

5. 陈文锦：《发现西湖：论西湖的世界遗产价值》，浙江古籍出版社 2007 年版。

6. 陈文锦：《西湖一千年：中国传统文化的经典之作》，杭州出版社 2020 年版。

7. 邹身城、刘伟文、邹小芃：《杭州城市发展史》，新华出版社 2007 版。

8. 远方：《超时空西湖》，浙江古籍出版社 2013 年版。

9. 林正秋：《西湖文化景观史研究》，浙江工商大学出版社 2020 年版。

10. 寿剑刚主编：《浙江文化印记》，浙江人民出版社 2022 年版。

11. 张建庭主编：《西湖学论丛》第 1—12 辑，杭州出版社 2007 年—2021 年版。

后　记

西湖文化景观、中国大运河（杭州段）、良渚古城遗址承载了杭州深厚的历史文化底蕴，是高水平建设历史文化名城的重要资源和依托。为反映其申报世界遗产过程、综合保护历程及有关管理利用工作，杭州市政协组织编撰出版了三卷本"杭州申报世界文化遗产纪实丛书"，以纪实文学的形式，图文并茂地对此作了生动呈现。

从提出编撰构想，到正式出版发行，历时一年多。杭州市政协高度重视丛书编撰出版工作，市政协党组会议专题研究编辑出版方案，明确丛书定位、主线、方向、体裁，成立丛书编委会。市政协领导亲自审定写作大纲，多次召开专题会议，听取编撰工作进度，审读全书稿件，提出修改意见。

为更好地开展编撰工作，编委会多次召开相关单位负责人会议、编撰工作会议、专家论证会议，筹划丛书编撰，优化书籍大纲；确定了由杭州知名作家组成的撰稿队伍，组建由文史工作者、资深编辑组成的编辑队伍，明确工作责任。初稿完成后，编委会组织申遗、文史、文学、出版等方面的专家学者和相关部门对文稿进行了审读和修改。

撰稿团队爬梳各类文献，了解遗产历史，实地考察三项世界遗产，走访相关部门，采访申遗专家、考古工作者、文史学者及申遗工作亲历者，了解遗产保护过程、申遗相关事项、申遗工作经历，获得了丰富生动的第一手资料。撰稿人精心写作、反复打磨，几易其稿，较好地完成了书稿。

编辑团队唯严唯实，不断优化章节排布，合理取舍内容，推敲润色文句，考订相关史实，广泛征集图片，遴选确定配图，精心设计版式，力求做到精益求精。

杭州市园林文物局（杭州市运河综保委）、杭州西湖风景名胜区管委会、良渚遗址管理区管委会、杭州市商旅集团（杭州市运河集团）等单位，积极支持配合编撰团队采访和资料收集，协助提供申遗文本、照片、文件、报道等资料，以及众多生动翔实的素材。有关领导担任丛书编委会副主任或编委，对书稿提出了诸多宝贵意见和建议。

浙江省文物局、浙江省文物考古研究所、中共杭州市委党史研究室（杭州市人民政府地方志办公室）、杭州市规划和自然资源局、杭州市交通运输局、杭州市档案馆、杭州市文联、杭州日报报业集团、杭州出版集团、杭州市运河综保中心、杭州图书馆、杭州市摄影家协会、相关区（县、市）政协等对丛书的编辑出版工作提供了极大的帮助和支持，在此一并致以衷心感谢！

限于水平，疏漏之处在所难免，真诚欢迎广大读者和专家学者不吝批评指正。

编委会

2023年10月

图片提供单位

杭州西湖风景名胜区管委会、杭州市摄影家协会

图片作者

丁 豪　万 杰　马西锋　方 向　艾 琳　朱页川
刘浩源　阮 晓　孙小明　杜建华　肖奕叁　吴章涵
邱国强　宋 红　张圣东　陈伟康　陈志华　金 菁
金 斌　金光辉　周 宇　胡 鉴　侯 欣　俞军民
洪保平　秦 茜　袁建晨　顾一民　徐 晖　徐晓玉
蒋 平　蔡庚松　潘劲草　薛华克　戴文昌　朱宏亮
施红燕

（部分图片作者信息在征集过程中遗失，请联系出版社领取稿酬）

图书在版编目（CIP）数据

东方文化名湖：西湖申遗纪实 / 杭州市政协文化文史和学习委员会编 . -- 杭州：杭州出版社，2023.10

ISBN 978-7-5565-2026-8

Ⅰ．①东… Ⅱ．①杭… Ⅲ．①西湖－文化遗产－保护 Ⅳ．① K928.43

中国版本图书馆 CIP 数据核字（2022）第 256257 号

Dongfang Wenhua Minghu

东方文化名湖
——西湖申遗纪实

杭州市政协文化文史和学习委员会　编

责任编辑	夏斯斯
装帧设计	浙信文化
责任校对	陈铭杰
责任印务	姚　霖
出版发行	杭州出版社（杭州市西湖文化广场32号6楼）
	电话：0571-87997719　邮编：310014
	网址：www.hzcbs.com
排　版	杭州浙信文化传播有限公司
印　刷	浙江新华数码印务有限公司
开　本	710 mm × 1000 mm　1/16
印　张	19.75
字　数	236 千
版印次	2023 年 10 月第 1 版　2023 年 10 月第 1 次印刷
书　号	ISBN 978-7-5565-2026-8
定　价	80.00 元

（版权所有　侵权必究）